Lektüre Durchblick

Aldous Huxley

Brave New World

Schöne neue Welt

Inhalt · Hintergrund · Interpretation

von Rüdiger Hermes

auf Deutsch –
mit englischen Formulierungshilfen!

Mit Info-Klappe

In Zusammenarbeit
mit Langenscheidt

mentor
Eine Klasse besser.

Willkommen bei »mentor Lektüre Durchblick«!

Sie lesen gerade »**Brave New World**« im Englischunterricht?

Dann finden Sie hier in knapper und verständlicher Form – oft auf besonders übersichtlichen Doppelseiten – genau die Informationen, die Sie jetzt brauchen.

Sie werden sehen: Wenn Sie sich mit diesem Hintergrund »Brave New World« nochmals vornehmen, steht dem vollen Durchblick nichts mehr im Wege. Denn je mehr Sie schon wissen, desto mehr entdecken Sie selbst im Text. Und damit Sie das alles auch auf Englisch ausdrücken können, gibt's außerdem zahlreiche Formulierungshilfen.

Viel Erfolg

wünschen Ihnen
Rüdiger Hermes und der mentor Verlag

Der Autor:
Rüdiger Hermes, Gymnasiallehrer für Englisch und Geschichte am Wirtschaftsgymnasium Offenburg

Alle Zitate nach:
Aldous Huxley: Brave New World
Herausgegeben von Dieter Hamblock
Stuttgart 2000 (1992; Reclams Universal-Bibliothek Nr. 9284)

Originalausgabe bei Chatto & Windus, The Hogarth Press, London

Wegweiser

Inhalt

Die Thematik in Kürze

»At the time the book was written this idea, that human beings are given free will in order to choose between insanity on the one hand and lunacy on the other, was one that I found amusing and regarded as quite possibly true.« (Aldous Huxley, Vorwort zu »Brave New World«, 1946, S. 6)

Die menschliche Freiheit des Willens beinhalte also lediglich die Wahl zwischen »Wahnsinn« und »Irrsinn« – so die diesem Roman zugrunde liegende Einschätzung Huxleys. Folgen wir ihr, dann müsste man auf die Frage »Welt – wohin?«[1] antworten: Egal wohin, es bleibt sich gleich. Eine ernüchternde Erkenntnis angesichts des ständigen Strebens des Menschen nach Selbstverwirklichung, Unabhängigkeit und Verbesserung seines Daseins. Aber auch eine verblüffende Feststellung zu einer Zeit (1931/1946), in der der wissenschaftliche und technologische Fortschritt (trotz der Jahrhundertkatastrophen) eine für den Menschen »schönere« Welt ohne Kriege, ohne Leiden, ohne Hunger zu ermöglichen schien – jedenfalls für einen Teil dieser Menschheit. Aber um welchen Preis?

In Huxleys Gedankenexperiment zahlt der Mensch für materiellen Fortschritt mit seiner geistigen Substanz. Hat die Menschheit über Jahrtausende hinweg sich selbst ständig in Unruhe gehalten, um Ideen durchzusetzen oder den richtigen Weg zur »Wahrheit« zu finden, so wird sie in einer allseits befriedeten Wohlstandsgesellschaft nur noch das Problem haben, die Abwesenheit von Problemen zu kompensieren. Das Mittel dazu heißt *no leisure from pleasure* (S. 80): Die Spaßgesellschaft hat die Aufgabe, das Denken zu verhindern. Soll man deswegen die Spaßgesellschaft verhindern?

1 Titel der ersten deutschen Ausgabe des Romans 1932

Die Handlung in Kürze

»Brave New World« spielt im Jahre 632 nach der Einführung des Fließbandes durch Henry Ford. Die Menschheit lebt in einem einzigen Weltstaat, in dem von der Wiege bis zur Bahre alles perfekt organisiert ist, mit Ausnahme einiger Reservationen, in denen die Eingeborenen noch so leben wie zu Fords Zeiten.

Während eines Besuchs in einer Eingeborenenreservation in Mittelamerika lernen **Bernard Marx** und **Lenina Crowne** aus London zufällig **John** kennen, einen jungen Englisch sprechenden Weißen, der hier zusammen mit seiner Mutter **Linda** unter den Eingeborenen ein Außenseiterdasein führt. Als Bernard erfährt, dass Linda aus London stammt und vor Jahren von ihrem Freund schwanger im Reservat zurückgelassen wurde, glaubt er, durch die beiden endlich die gesellschaftliche Anerkennung zu finden, die ihm bisher versagt geblieben war. John, der die Zivilisation aus den Erzählungen seiner Mutter kennt, ist nur allzu begierig, diese **brave new world**, wie er sie mit einem Shakespeare-Zitat nennt, kennenzulernen.

Bernards Rechnung geht zunächst auf: Er entlarvt durch eine Gegenüberstellung mit Linda seinen direkten Vorgesetzten als Johns Vater und ruiniert so dessen gesellschaftliche und berufliche Position; dadurch, dass John als **Mr. Savage** schnell zur gesellschaftlichen Attraktion Londons wird, steigt auch Bernards Bedeutung.

Aber John wendet sich bald enttäuscht von dieser Zivilisation ab, in der die Menschen nur ein Ziel und eine Pflicht haben: sich zu vergnügen. Nachdem er erkannt hat, dass auch die von ihm vergötterte Lenina unter Liebe nur Sex versteht, zieht er sich als Einsiedler in einen einsamen Leuchtturm zurück. Für die Spaßgesellschaft wird er dadurch aber nur noch interessanter – der Leuchtturm wird zur Touristenattraktion. In blinder Raserei attackiert er Lenina – und erhängt sich.

Inhalt

Die Handlung

In 18 Kapiteln beschreibt Aldous Huxley eine zukünftige Welt des materiellen Überflusses und der sofortigen Befriedigung aller Bedürfnisse. Ihre Einwohner werden künstlich erzeugt; Familien gibt es nicht mehr, sexuelle Promiskuität ist Pflicht. In diese Welt kommt ein idealistischer »Wilder« und wird ihr Opfer.

Kapitel I: Wie man Menschen macht (S. 21–39)

Der **Direktor** höchstpersönlich führt eine Gruppe von Studienanfängern durch das Londoner Brut- und Konditionierungszentrum. Hier wird der Nachwuchs für den Weltstaat künstlich erzeugt, in Flaschen verkapselt und nach einer je nach Kaste unterschiedlich langen Reifungszeit »ausgegossen«. Durch das Bokanovsky-Verfahren können aus einer befruchteten Eizelle bis zu 96 identische Zwillinge hergestellt werden. Der Assistent **Henry Foster** darf auf Einladung des Direktors die Gruppe begleiten. Während Foster den Studenten im Embryolager weitere Auskünfte gibt, entdeckt er eine sehr attraktive junge Frau, die hier arbeitet. Sie heißt **Lenina** und ist mit ihm für den Abend verabredet.

a guided tour through the centre – procreation by artificial insemination – Foster is invited to give them further information – an attractive woman – they have a date

Kapitel II: Im Kindergarten (S. 40–52)

Foster hat sich verabschiedet, als der Direktor seine Studenten in die Kindergartenabteilung führt. Hier werden gerade Delta-Babys vor Blumen und bunten Bilderbüchern in Stellung gebracht. Die Babys krabbeln entzückt auf die Gegenstände zu. Als sie am Ziel sind, lässt ohrenbetäubender Lärm die Kinder vor Entsetzen erstarren. Zusätzlich wird der Krabbelbereich unter Schwachstrom gesetzt. Als die Blumen und Bilderbücher erneut gezeigt werden, weichen die Kinder davor in Panik zurück. Bücherlesen, erklärt der Direktor, sei für die unteren Kasten sinnlose Zeitverschwendung und Liebe zur Natur unproduktiv. Nach einem kurzen Abriss der Geschichte des Lernens im Schlaf (vgl. S. 45f.) führt er dann die Gruppe in den Schlafsaal. Hier werden die schlafenden Kinder durch Lautsprecher unter ihren Kopfkissen mit Merksätzen berieselt, die sich durch ständige Wiederholung unauslöschlich in ihrem Unterbewusstsein festsetzen.

the nursery – babies are conditioned to hate books – a brief outline of the history of hypnopaedia – moral indoctrination while they sleep – subconscious

Kapitel III: Mustapha Mond klärt auf (S. 52–81)

Schauplatz 1: Auf der Spielwiese des Kindergartens werden die Kinder zu ersten sexuellen Erfahrungen ermuntert. Unter dem Gelächter der Studenten erzählt der Direktor, dass es noch zu Lebzeiten von »Unserem Ford« Jugendlichen verboten war, sexuelle Kontakte miteinander zu haben. Über die Folgen dieses Verbots klärt nun ein Mann auf, der plötzlich zur Gruppe hinzutritt: **Mustapha Mond**, einer der zehn Weltkontrolleure. Die Studenten erfahren von ihm, welche Fortschritte die Menschheit seit jenen Tagen gemacht habe: Liebe, Ehe, Geburt, Familie, Gott, Christentum, Kultur, Nationen und Krieg wurden abgeschafft. Dafür wurde ein Weltstaat geschaffen, ein stabiles Kastenwesen und glückliche Menschen durch unverzügliche Befriedigung von Bedürfnissen aller Art. Das **T** ehre man als Erinnerung an den Beginn der Fließbandproduktion des T-Modells, mit dem »Unser Ford« die Grundlage für Stabilität und Wohlstand legte. Und letztlich ***Soma***, die ultimative Droge: *»All the advantages of Christianity and alcohol; none of their defects«* (S. 78).

children are encouraged to have their first sexual experience – the terrible consequences of suppressed sexuality – the sick old civilisation has been abolished – immediate satisfaction of desires – the conveyor belt is the foundation of prosperity

Schauplatz 2: Um 16.00 Uhr ist Schichtwechsel im Brutzentrum. Im Umkleideraum für Männer befinden sich Henry Foster, sein Kollege **Benito Hoover** und der Psychologe **Bernard Marx**. Foster und Hoover unterhalten sich über ihre Feierabendpläne und Mädchen (vgl. S. 58f.). Bernard Marx empfindet Verachtung und Wut darüber, wie Foster **Lenina Crowne** weiterempfiehlt (vgl. S. 69).

change of shift – psychologist – Foster warmly recommends Lenina to Hoover – Bernard is disgusted

Schauplatz 3: Gleichzeitig trifft **Lenina Crowne** im Frauenumkleideraum ihre Freundin **Fanny** (vgl. S. 59f.). Diese tadelt Lenina, weil sie schon seit Monaten nur Henry Foster »hat« (vgl. S. 64f.). Lenina verspricht, dies zu ändern, und erzählt, dass Bernard Marx mit ihr ein Eingeborenenreservat besichtigen wolle. Fanny hält ihn für hässlich und wunderlich (vgl. S. 69f.), aber Lenina findet ihn »süß« und ist entschlossen, seine Einladung anzunehmen.

simultaneously – Fanny blames Lenina for not being promiscuous – Bernard has invited her for a trip to a reservation – ugly and strange

Schauplatz 4: Im Schlafsaal des Kindergartens säuseln die Lautsprecher den schlafenden Kindern immer wieder ins Ohr: Konsum ist die oberste Bürgerpflicht (vgl. S. 73f.).

consumption is the supreme duty

Kapitel IV: Aufbruch in den Feierabend (S. 81–97)

§ 1: Lenina macht Bernard Angebote im Lift (S. 81–88)

Im Lift zum Dach des Brutzentrums trifft Lenina auf viele befreundete Männer. In einer Ecke steht auch Bernard Marx. Es ist ihm höchst peinlich, dass sie ihn hier verheißungsvoll auf den Ausflug anspricht. Lenina wundert sich über Bernard und alle anderen wundern sich, dass sie ausgerechnet den haben will. Auf dem Dach wird

Lenina von Henry Foster erwartet und gemeinsam fliegen sie in seinem Helikopter zum Hindernis-Golf.

Bernard is embarassed when Lenina refers to their trip – Foster is already waiting for her

§ 2: Bernards Freund hat ein Problem (S. 88–97)

Mit seinem Helikopter nimmt Bernard Kurs auf den Wolkenkratzer, in dem sein Freund **Helmholtz Watson** als Spezialist für *Emotional Engineering* (S. 91f.) arbeitet. Helmholtz ist im Gegensatz zu Bernard ein sehr gut aussehender und selbstsicherer Mann, aber auch intellektuell so hervorragend, dass er auf das Misstrauen seiner Vorgesetzten stößt. Die ungleichen Freunde verbindet, dass sie beide von der Norm abweichen.

he flies to the skyscraper to pick up Helmholtz – handsome, self-confident and intellectually brilliant – suspicious to his superiors – unequal friends

Kapitel 5: Freizeitgestaltung in London (S. 97–114)

§ 1: Lenina und Henry amüsieren sich (S. 97–104)

Auf dem Rückflug nach London orientieren sich Lenina und Henry an den Signalleuchten der Schornsteine des Slough Krematoriums, wo die Verstorbenen zu Pflanzendünger verarbeitet werden, um selbst nach dem Tod der Gesellschaft noch nützlich zu sein. Nach einem Restaurantbesuch begibt sich das Paar in das *Westminster Abbey Cabaret* (S. 101) und amüsiert sich im *Soma*-Rausch zu den Klängen einer Tanzkapelle. Den Abend beschließen sie in Henrys Wohnung.

even the dead are still socially useful – fertilizer – high on soma – they have fun on he dance floor – they end up in Henry's flat

§ 2: Bernards Solidaritätsmesse (S. 105–114)

Bernard trifft nach seinem Gespräch mit Helmholtz gerade noch rechtzeitig zu seiner »Solidaritätsmesse« ein. Zwölf Männer und Frauen warten an einem runden Tisch darauf, unter dem **T** eins zu werden. *Soma* in verschiedenen Formen macht die Runde. Als es zu wirken beginnt, steigert sich die Stimmung unter dem dröhnenden Refrain einer künstlichen Bassstimme bis zur Extase:

> *Orgy-porgy, Ford and fun,*
> *Kiss the girls and make them One.* (S. 112)

Im Halbdunkel des purpurnen Rotlichts ziehen sich die Teilnehmer paarweise auf bereitstehende Sofas zurück. Bernard fühlt sich während und nach der »Messe« genauso isoliert wie immer.

Bernard arrives just in time – they are waiting to be made one – they work themselves up into a frenzy – in the dimly-lit room couples withdraw to waiting couches

Kapitel VI: Ausflug nach Malpais (S. 114–136)

§ 1: Rendezvous mit Lenina (S. 114–123)

Bei Lenina verdichtet sich das Gefühl, dass bei Bernard etwas nicht stimmt. Er will immer nur reden und liebt die unberührte Natur (vgl. S. 116). Auf dem Rückflug von einer Sportveranstaltung streiten sie sich und Lenina ist erst wieder beruhigt, als Bernard zärtlich wird und sie die Nacht in seiner Wohnung verbringen (vgl. S. 117f.). Am nächsten Tag behauptet er aber, dass er nicht unbedingt gleich beim ersten Mal mit ihr schlafen wollte. Lenina tröstet sich damit, dass Bernard im Bett ganz gut war (vgl. S. 121f.).

there must be something wrong with Bernard – they have an argument – Lenina calms down – he didn't necessarily want to go to bed with her – she finds Bernard rather attractive

§ 2: Der Direktor zeigt unerwartete Gefühle (S. 123–128)

Bernard braucht vom Direktor die Erlaubnis zum Besuch der Reservation. Zu seiner Überraschung löst sein Vorhaben einen Erinnerungsschub bei seinem Chef aus. Auch er habe als junger Mann die Reservation besucht – zusammen mit einer sehr »pneumatischen« Blondine. Sie sei dort verschollen und er habe sie nie wiedergesehen (vgl. S. 124f.).

Um diese, ihm plötzlich peinliche Gefühlsregung zu überspielen, droht der Direktor Bernard mit einer Strafversetzung nach Island, wenn er sein den Gepflogenheiten widersprechendes Verhalten nicht ändere (vgl. S. 126f.).

Bernard needs the DHC's permission – the Director remembers having left a beautiful blonde there – embarrassed by this show of emotion – transference to Iceland

§ 3: Schlechte Nachrichten für Bernard (S. 129–136)

Als Bernard und Lenina nach einem Flug mit einer Linienrakete nach Santa Fé und einer Übernachtung im Büro des Aufsehers der Reservation eintreffen, fällt Bernard ein, dass er vergaß, den Hahn der Duftwasserleitung bei sich zu Hause zu schließen. Da ihn das ein beträchtliches Vermögen kosten kann, ruft er Helmholtz in London an und erfährt von ihm, dass er nach Island versetzt werden soll.

Nur unter der Wirkung von *Soma* ist Bernard in der Lage, sich mit Lenina ins Reservat fliegen zu lassen, wo sie der Pilot in einer Gästehütte am Fuße eines Ortes namens Malpais bis zum nächsten Tag zurücklässt.

Bernard cannot concentrate on what the warden is saying – hears that he is to be sent to Iceland – completely shaken – they arrive in the reservation

Kapitel VII: Wer sind John und Linda? (S. 137–155)

Auf dem mühseligen Weg hinauf nach Malpais bekommen Bernard und Lenina einen nachhaltigen Eindruck vom Leben der Eingeborenen. Lenina leidet darunter, da sie ihr *Soma* in der Hütte vergessen hat. Oben findet gerade ein Ritual statt: Ein junger Indianer muss klaglos einen Weg zurücklegen, auf dem ihm immer wieder Peitschenhiebe zugefügt werden. Als er ohne einen Schmerzenslaut schließlich bewusstlos zusammenbricht, hat er bewiesen, dass er ein Mann ist.

Während dieses Vorgangs hat sich den beiden fremden Zuschauern ein junger Mann genähert, der offensichtlich **ein Weißer** ist und Englisch spricht (vgl. S. 148). Leninas erstaunter Blick und ihre Schönheit verschlagen dem Jungen die Sprache. Erst Bernards Fragen nach seiner Herkunft ermöglichen ihm, sich ihrem faszinierenden Anblick zu entziehen. Seine Mutter heiße **Linda** und stamme aus der »anderen Welt«. Vor langer Zeit habe sie mit ihrem Freund die Reservation besucht und sei nach einem Unfall von Indianern in dieses Pueblo gebracht worden. Seither gelte sie als verschollen und ihr Freund habe die Reservation ohne sie verlassen. Linda war jedoch schwanger und so wurde er hier geboren.

Bernard ist höchst aufgeregt, denn die Geschichte kommt ihm bekannt vor. Sie gehen zu Linda, einer aufgeschwemmten, verlebten und ungepflegten Frau, die vor Freude weint, endlich wieder zivilisierte Menschen zu sehen. Hemmungslos erzählt sie ihre ganze Leidensgeschichte und gesteht, dass sie all ihre Entbehrungen nur mit und wegen **John**, ihrem Sohn, ausgehalten habe.

Lenina is appalled by life in the reservation – the young man is struck by Lenina's beauty – his mother came from the other place – Bernard gets more and more excited by Linda's story – a bloated, ravaged woman

Kapitel VIII: Johns »multikultureller« Bildungsweg

(S. 155–174)

John gibt Bernard bereitwillig Auskunft über sein bisheriges Leben. Seine Angst vor Popé, einem der vielen Liebhaber seiner Mutter, prägte seine Kindheit. Popé kam regelmäßig und brachte Schnaps mit. Linda erzählte ihm oft von jenem »anderen Ort«, wo sie hergekommen war und wo alles so traumhaft schön sei, und sie brachte ihm Lesen und Schreiben bei. Antworten auf seine kindlichen Sinnfragen aber gaben ihm die alten Männer im Pueblo.

Mit etwa 12 Jahren fand John zu Hause ein zerfleddertes altes Buch: *The Complete Works of William Shakespeare* (S. 164). Dieses Buch half ihm, das Leben und seine Isolation im Pueblo zu ertragen. Als er nicht an den Initiationsriten für die jungen Männer teilnehmen durfte, trösteten ihn Shakespeares Verse.

Bernard glaubt sicher, Johns »Vater« zu kennen, und will den Jungen nach London mitnehmen. Auch die Rückkehr Lindas passt in Bernards Pläne. John ist begeistert und zitiert Shakespeare: »*O brave new world that has such people in it.*« Doch Bernard warnt John: »*... hadn't you better wait till you actually see the new world?*« (S. 174).

John's life – Linda's lovers – fear and jealousy – tales about the »other world« – Shakespeare's influence on him – they are isolated in the pueblo – on the point of committing suicide – Bernard has a plan

Kapitel IX: John nähert sich Lenina (S. 174–180)

Während Lenina in der Gästehütte erst einmal einen *Soma*-Urlaub nimmt, fliegt Bernard mit dem Helikopter nach Santa Fé, um von dort aus telefonisch von Mustapha Mond die Einreiseerlaubnis für John und Linda zu erwirken. Am Nachmittag fliegt er zurück.

Währenddessen steht John vor der verschlossenen Gästehütte und fühlt sich verraten. Durch ein Fenster sieht er aber Koffer, zerbricht das Fenster und gelangt ins Innere der Hütte. Ein Sinnenrausch ergreift ihn inmitten der persönlichen Gegenstände Leninas. Schließlich sieht er die schlafende Lenina selbst, schön und rein wie Romeos Julia.

he gets permission to bring them to London – John feels betrayed – he sees Lenina sleeping on her bed

Kapitel X: Skandal im Brutzentrum (S. 180–187)

Im Befruchtungslabor des Londoner Brutzentrums erwarten der Direktor und Henry Foster die Ankunft von Bernard Marx. Als dieser erscheint, lässt der Direktor die Arbeit unterbrechen, um in einer Ansprache dessen Versetzung nach Island zu begründen. Bernard reagiert, indem er Linda hereinlässt, die vor dem Labor gewartet hat. Ihr Anblick löst Entsetzen, dann aber Belustigung aus, als sie voller Wiedersehensfreude den verblüfften Direktor umarmt. Linda ruft dann John herein, der vor dem Direktor auf die Knie fällt: *»My father!«* (S. 187). Bei der Nennung dieses derb-komischen Ausdrucks bricht nicht enden wollendes Gelächter aus: Der Direktor ein »Vater«! Zutiefst gedemütigt stürzt dieser aus dem Raum.

the DHC announces Bernard's transfer to Iceland – the staff are horrified by the sight of Linda – howls of laughter – the DHC is humiliated

Kapitel XI: Begegnung mit der »neuen Welt« (S. 188–210)

Während Linda die so lange entbehrten *Soma*-Ferien nachholt, wird John in London zur Attraktion. Aber der Weg zu ihm führt unausweichlich über Bernard, der nun als bedeutende Persönlichkeit von Frauen umschwärmt wird. Mustapha Mond ist indessen ebenso verärgert wie belustigt über den belehrenden Ton, den Bernard in seinen Berichten über den »Wilden« anschlägt.

Bernard zeigt John die Zivilisation. Angesichts der allgegenwärtigen Bokanovsky-Gruppen aller Rassen nimmt für diesen das Shakespeare-Zitat »*O brave new world that has such people in it*« eine sarkastische Färbung an (vgl. S. 196).

An der Eliteschule Eton für Kinder der oberen Kasten bemerkt John die Beschränktheit der Schüler und ihrer Bildung. Bernard ist es inzwischen gelungen, sich für den Abend mit der Direktorin der Schule zu verabreden. Deshalb ruft er auf dem Rückflug nach London Lenina an, damit sie sich am Abend an seiner Stelle um John kümmert. Lenina tut dies nur allzu gern und führt John in die *feelies*. Man sieht dort nicht nur stereoskopische Bilder, sondern fühlt auch über einen Sensibilisierungknopf an der Sitzlehne, was man sieht. Auch John kann sich den sinnlichen Eindrücken der Erotik- und Actionhandlung nicht entziehen, wird sich aber bewusst, dass er dieser Stimmung nicht nachgeben kann (vgl. S. 208f.). Enttäuscht muss Lenina daher hinnehmen, dass er sich nach dem Film von ihr verabschiedet. Zu Hause liest und deklamiert er »Othello«, der, wie der Held des Films, ein Schwarzer war.

John is a celebrity – they have to go through Bernard first – women find him very sexy now – he is both angered and amused by Bernard's reports – John is disappointed in what he sees – Lenina is excited about going out with John – you can feel what you see – John doesn't enjoy it – Lenina is disappointed that he doesn't stay

Kapitel XII: John verweigert sich (S. 210–226)

Bernard hat hochgestellte Persönlichkeiten zu sich eingeladen. Sie alle sind nur gekommen, um den »Wilden« zu treffen, aber der hat sich in seinem Zimmer eingeschlossen und weigert sich, die Gäste zu sehen. Bernard muss verbittert erkennen, dass er ohne John auch weiterhin nur eine Spottfigur innerhalb der Alpha-Gesellschaft ist. Verärgert verlassen die Gäste Bernards Wohnung. John deklamiert indessen die ganze Nacht hindurch »Romeo and Juliet« (vgl. S. 215).

Am nächsten Tag ist Bernard wieder ein unglücklicher Einzelgänger, der sich bei John und Helmholtz über sein Los beklagt. Allerdings drohen auch Helmholtz wegen seiner Gedichte inzwischen Entlassung und Verbannung, er bleibt aber trotz seiner Schwierigkeiten erstaunlich gelassen. Zwischen Helmholtz und John hat sich durch ihr gemeinsames Interesse an Sprache eine Freundschaft entwickelt. Als »Gefühlsingenieur« erkennt Helmholtz, dass Shakespeares Sprachgewalt alles in den Schatten stellt, was in der Zivilisation an Texten produziert wird. Nur Shakespeares Themen bleiben ihm fremd, ganz besonders das von »Romeo and Juliet«: *»And who's going to get excited about a boy having a girl or not having her?«* (S. 225). John zuckt bei dieser Bemerkung zusammen.

Mustapha Mond hat inzwischen das ihm vorgelegte Werk eines hochbegabten Biologen nicht zur Veröffentlichung freigegeben. Die Thesen des Autors könnten die Stabilität gefährden (vgl. S. 216f.).

the Savage refuses to meet Bernard's guests – he still is a laugh-stock – he complains to his friends – Helmholtz is in trouble, too – he is remarkably calm – they are both interested in language – Shakespeare's powerful language – Helmholtz doesn't understand the dilemma of Romeo and Juliet – Mond censors a new book – not to be published

Kapitel XIII: Lenina will John endlich »haben« (S. 226–239)

Lenina denkt nur noch an John und zweifelt an ihrer Attraktivität. Bei der Arbeit ist sie unkonzentriert. Fanny rät ihr, die Initiative zu ergreifen. So schreitet Lenina zur Tat und sucht John in seiner Wohnung auf. Beglückt, gleichzeitig aber verwirrt darüber, mit Lenina allein zu sein, unternimmt John keinerlei Versuche, Lenina körperlich näherzukommen. Er müsse sich ihre Liebe erst verdienen. Lenina versteht dies alles nicht.

Als John ihr endlich gesteht, dass er sie mehr liebe als alles in der Welt, ist das für Lenina endlich das Stichwort, sich auszuziehen. Nackt und voller Begehren geht sie auf John zu, aber für diesen bricht eine Welt zusammen: Lenina ist für ihn eine Hure. Um sich vor seinen Beschimpfungen und Schlägen zu retten, schließt sie sich im Badezimmer ein. Nur ein Telefonanruf, nach dem John eilig das Apartment verlässt, rettet sie vor Schlimmerem.

Lenina is obsessed with John – she decides to make the first move – John wants to earn her love – she takes off all her clothes – John calls her a whore – he curses and hits her – she escapes into the bathroom – he leaves the flat after a phone call

Kapitel XIV: Linda stirbt (S. 240–251)

Der Anruf kam vom Sterbehospital und John drängt darauf, sofort zu Linda geführt zu werden. Zusammen mit anderen Sterbenden liegt Linda im *Soma*-Rausch in einer Halle und wird von Fernsehbildern und Schlagermusik berieselt. John setzt sich neben Lindas Bett, ergreift ihre Hand und versucht, sich an seine Kindheit in Malpais zu erinnern.

Eine Gruppe von identischen Delta-Kindern schwirrt indessen zwischen den Betten der Sterbenden herum. Bald entdecken sie Linda und sie sparen nicht mit abfälligen Bemerkungen über ihr Aussehen. Als die Kinder ihr zu nahekommen, versucht John angewidert, sie zu verscheuchen. Er ist so außer sich, dass sich die für die Sterbekonditionierung verantwortliche Schwester vorsichtshalber mit den Kindern entfernt.

Am Bett seiner sterbenden Mutter drängen sich John unangenehme Erinnerungen an Popé, Schnaps und die Verachtung der Indianer auf. Linda träumt offensichtlich von ihren Liebhabern und scheint John erst zu erkennen, als er verzweifelt versucht, sie wachzurütteln. Im selben Augenblick setzt ihre Atmung aus. Schreiend versucht John Hilfe bei der Krankenschwester zu bekommen und zerrt sie zu Linda, die aber inzwischen gestorben ist. In seiner Trauer kniet er am Bett der Toten nieder. Nur das Wort »Gott« (vgl. S. 250) kommt über seine Lippen. Als sich die Kinder wieder nähern und grinsend wissen wollen, ob sie tot sei, steht John auf, stößt das aufdringlichste Kind verächtlich beiseite und verlässt schweigend den Raum.

Hospital for the Dying – John is disturbed in his grief – cheeky twins – they make fun of Linda – Linda is dreaming of her lovers – he tries desperately to wake her up – she cannot breathe – the nurse is shocked by John's behaviour – the most annoying child

Kapitel XV: John will die Welt von *Soma* befreien (S. 251–260)

Völlig versunken in Trauer und geplagt von Gewissensbissen bahnt John sich gedankenlos einen Weg durch eine Ansammlung von Deltas, die in der Hospitalvorhalle auf die Austeilung ihrer *Soma*-Ration warten. Erst durch die unwirsche Reaktion einiger Zwerge, durch die er sich unsanft hindurchzwängt, erinnert er sich der albtraumhaften Szene, als die Delta-Kinder wie Maden um Lindas Totenbett herumgekrochen waren. Angesichts dieser erwachsenen Maden fallen ihm wieder Shakespeares Verse ein: *»How beauteous mankind is! O brave new world …«* (S. 252). Diese Worte kommen ihm zunächst wie Hohn vor, dann aber fasst er sie als Herausforderung auf: Linda war als Sklavin des *Soma* gestorben, die Lebenden aber sollen frei sein. Und so versucht John, die Deltas davon zu überzeugen, dass *Soma* sie ihrer Freiheit beraubt.

Bernard und Helmholtz rätseln gerade zu Hause, wo John wohl sein könne, als sie ein Anruf ins Hospital bestellt: Der »Wilde« sei verrückt geworden. Als sie in der Vorhalle eintreffen, ist John gerade dabei, die Deltas offensichtlich gegen ihren Willen zu »befreien«, indem er deren *Soma*-Rationen zum Fenster hinauswirft. Während Bernard sich aus Angst vor dem wütenden Delta-Mob im Hintergrund hält, hilft Helmholtz bei der Vernichtungsaktion.

Kurz darauf stürmt jedoch die Polizei die Halle und stellt durch *Soma*-Gas, Narkose-Wasserpistolen und eine halluzinatorische Sprechanlage schnell wieder Ruhe her. Gerührt liegen sich die aufrührerischen Deltas schließlich in den Armen; selbst John und Helmholtz haben Tränen in den Augen und lassen sich mühelos abführen. Bernard wird ebenfalls verhaftet. Die Austeilung der *Soma*-Ration kann weitergehen.

convinced that soma is a curse – stop its distribution – free them from its influence – a riot in the hospital – he helps John destroy the soma – throws it out of the window – the crowd is furious – the police quell the riot – the three of them are arrested

Kapitel XVI: Gespräch mit Mustapha Mond (S. 260–274)

Statt eines strengen Verhörs erwartet John, Helmholtz und Bernard ein Gespräch mit dem Weltkontrolleur Mustapha Mond, der zu Johns Überraschung durch ein Zitat zu erkennen gibt, dass er Shakespeares Werke gut kennt (vgl. S. 262). Dann erklärt Mond, was die Zivilisation zusammenhält und wodurch sie bedroht ist.

a conversation instead of an interrogation – John is surprised by Mond's knowledge of Shakespeare

a) Große Kunst, wie die Dramen Shakespeares, seien nur möglich in einer instabilen Gesellschaft, deren Probleme der Stoff der Kunst seien. Die gegenwärtige Gesellschaft habe ein Optimum an Stabilität erreicht, die individuelle Probleme ausschließe oder im Zweifelsfalle durch ein paar Gramm *Soma* löse. Wer in einem stabilen Glücksgefühl lebe, kenne keine Leidenschaften, keine Herausforderungen, keinen Kampf. *»Happiness is never grand.«* (S. 265)

b) Stabilität sei nur möglich durch Ungleichheit. Wenn es nur Alphas gäbe, gäbe es ständige Machtkämpfe, weil jeder vor dem anderen Angst hätte oder neidisch auf ihn wäre. Nur in einer Gesellschaft, in der jeder seinen ihm vorbestimmten Platz einnimmt und sich gar keinen anderen vorstellen kann, gibt es Stabilität. *»Every change is a menace to stability.«* (S. 269)

c) Die Wissenschaft habe die Voraussetzungen für den gegenwärtigen Wohlstand geschaffen. Jede weitere Forschertätigkeit gefährde aber das menschliche Glück, denn sie trage in sich den Keim zur Veränderung und Forschung müsse daher scharf kontrolliert werden.

individual and social instability create great art – there can be no art in a stable society – inequality is necessary for stability – everybody is exactly in the right place – science has created the necessary conditions of prosperity – the seed of change

d) Die Suche nach Wahrheit sei eine Bedrohung des menschlichen Glücks, obwohl der wissenschaftliche Fortschritt auf ihr beruhe. Aber die dadurch geschaffenen Wohltaten würden von einem bestimmten Punkt an durch weitere Wahrheitssuche gefährdet. Nicht Wahrheit und Schönheit, nein, ein ruhiges Leben sei das Ziel der Menschen (vgl. S. 273). Den Preis dafür, die Aufgabe weiterer Suche nach Wahrheit, habe er, Mond, bezahlt.

Mond weiß offenbar, wovon er redet, denn er war in jungen Jahren selbst ein begabter Physiker und wäre fast auf eine Insel verbannt worden. Hier bekommt Bernard einen Nervenzusammenbruch und muss den Raum verlassen, um mit *Soma* behandelt zu werden. Helmholtz hat sich nach den Ausführungen Monds mit seinem Schicksal der Verbannung angefreundet und verlässt den Raum, um nach Bernard zu schauen.

a quiet life – he knows what he is talking about – Bernard has a nervous breakdown – Helmholtz is comforted by Mond's explanations – he is content to be banished

Kapitel XVII: Braucht man Gott? (S. 274–286)

John bleibt allein bei Mustapha Mond, der nun das Gespräch auf Gott lenkt. John will wissen, warum die Menschen in der Zivilisation nichts über Gott wissen sollen. Mond antwortet, dass Gott in einer Welt, in der niemand durch Alter, Krankheit, Not, Einsamkeit und Veränderung bedroht ist, überflüssig sei.

Für John gehört der Glaube an Gott jedoch zum Menschsein, denn ohne ihn sei »... *everything noble and fine and heroic«* (S. 282) nicht denkbar. Mond weist dies kategorisch zurück, weil in der Zivilisation jeder Anlass für solche Verhaltensweisen fehle. Außerdem gäbe es Soma: »*Christianity without tears – that's what soma is«* (S. 283).

Aber John glaubt an Tränen und Anstrengung, damit die Dinge des Lebens einen Wert bekommen. Dem Zwang zum Glück im Überfluss setzt er, wie Mond richtig erkennt, das Recht entgegen, unglüklich zu sein (vgl. S. 285f.). Achselzuckend gesteht Mustapha Mond ihm dieses Recht zu.

no need for God in this world – nothing noble in this world without God – people aren't required to be noble – John claims the right to be unhappy

Kapitel XVIII: John verlässt die Zivilisation (S. 286–308)

Nach dem Abschied von Bernard und Helmholtz verlässt auch John London. An der Küste von Surrey findet John einen stillgelegten Leuchtturm. Hier will er ein naturverbundenes Leben führen.

Gedanken an Lindas Tod und die Reize Leninas verursachen bei ihm jedoch Schuldgefühle und er unterzieht sich mit der Peitsche einer Selbstzüchtigung. Zufällig wird er dabei beobachtet und wenig später tauchen Reporter in der einsamen Gegend auf.

Aus sicherer Entfernung wird jede seiner Bewegungen in Bild und Ton festgehalten und nur wenig später erscheint *The Savage of Surrey* in allen *feelies* Westeuropas und ist ein sensationeller Erfolg (vgl. S. 300f.). Schon am Tag nach der Premiere kommen Schwärme von Schaulustigen zum Leuchtturm. »*We – want – the whip«* (S. 305), skandieren sie.

Eine aufreizende, schöne junge Frau, in der John Lenina erkennt, geht mit ausgebreiteten Armen auf John zu. Voller Zorn und

Schmerz schlägt er mit der Peitsche auf die Frau ein, die das Opfer der Raserei Johns wird (vgl. S. 306f.). Begeistert ahmt die Menge die Schreie und Schläge Johns nach.

Als nach Mitternacht die letzten Hubschrauber wegfliegen, liegt John besinnungslos am Boden. Spät am Morgen erwacht er und erkennt entsetzt, was geschehen ist. Die sensationslüsternen Schaulustigen, die gegen Abend wiederum in Massen am Ort des Geschehens eintreffen, finden den »Wilden« im Inneren des Leuchtturms tot an einem Strick baumelnd.

John leaves London to live in a lighthouse – he feels guilty about Linda's death and his desire for Lenina – the media is curious about John's way of life – he is filmed secretly – he recognizes Lenina and immediately attacks her in a blind fury – she stumbles and falls – they find him dead – he has hanged himself

Hintergrund

Vom Überblick zum Durchblick

Sie haben nun einen Überblick über Personen und Inhalt des Romans. Der Teil **»Hintergrund«** soll Ihnen zu einem besseren »Durchblick« bei der Behandlung des Romans im Unterricht verhelfen.

- In welcher Beziehung steht der Autor zum Roman?
  Vergleichen Sie hierzu die Abschnitte über **Autor und Werk** und über den **Text in seiner Zeit**.
- Wie ist der Roman aufgebaut?
  Dazu gibt es als Übersicht ein **Schaubild**.
- Welche sprachlichen Mittel verwendet der Autor und was kennzeichnet das Genre **utopischer Roman/Thesenroman**?
  Näheres dazu finden Sie in den Abschnitten über die **sprachliche Form** und **literarische Gattung**.

Von der Textanalyse zur Textproduktion

Im Teil **»Interpretation«** geht es um die Fragen:

- Wie kann man den Roman deuten?
  Hierzu finden Sie in der **Textanalyse** Hinweise
  – zur Charakteristik der wichtigsten Romanfiguren,
  – zur Deutung der im Roman dargestellten »neuen Welt«,
  – zur Erzähltechnik des Autors,
  die für das Verständnis von »Brave New World« aufschlussreich sind. Vergessen Sie aber nicht, dass letzten Endes Ihre eigene Deutung wichtig ist!
- Auf welche Aufgaben sollten Sie vorbereitet sein?
  Mit den **Aufgaben und Lösungstipps** können Sie für Hausaufgaben und Klausuren trainieren.

Der Autor und sein Werk

Aldous Leonard Huxley
*** 26. Juli 1894 in Laleham (Surrey/England)**
† 22. November 1963 in Hollywood (USA)

Aldous Huxley war der jüngste von drei Söhnen einer Gelehrtenfamilie. Sein Großvater väterlicherseits war der Biologe und Wegbereiter der darwinschen Evolutionstheorie **Thomas H. Huxley** (1825–1895). Mütterlicherseits war er der Großneffe des Literaturkritikers und Dichters **Matthew Arnold** (1822–1888). Der Vater **Leonard Huxley** betätigte sich als Lehrer, Herausgeber und Schriftsteller. Aldous' Mutter **Julia** galt als gebildete Frau und ausgezeichnete Pädagogin.

Aldous ging zunächst problemlos den Weg der Kinder der englischen *upper-middle-class* und trat 1908 in die Eliteschule Eton ein. Kurz vor der Abschlussprüfung erkrankte er 1911 an einer Augeninfektion, die ihn zwang, Eton zu verlassen. Um sich weiterzubilden, lernte er die Blindenschrift und konnte 1913 ein Studium in Oxford aufnehmen.

Der Versuch, sich bei Ausbruch des 1. Weltkrieges freiwillig zur britischen Armee zu melden, scheiterte an seiner Sehbehinderung. Schlimmer jedoch traf ihn im August 1914 der Tod seines Lieblingsbruders **Trevenan**, der sich offenbar aus Liebeskummer erhängte. Nach dem Studium und einer Phase als Aushilfslehrer in Eton von 1917–1919 und nachdem er seit 1916 erste Gedichte veröffentlicht hatte, begann er als Journalist und Kritiker zu arbeiten. Aldous Huxley heiratete 1919 und wurde 1920 Vater eines Sohnes. 1921 erschien sein erster Roman »Crome Yellow«. Ein Vertrag mit dem Londoner Verlag Chatto and Windus ermöglichte Huxley ab 1923, vom Schreiben zu leben. Er zog nach Italien und veröffentlichte bis 1928 drei weitere Romane, zuletzt »Point Counter Point«, durch dessen Erfolg er finanziell unabhängig wurde. Eine ausgedehnte Weltreise brachte ihn zum ersten Mal auch nach Amerika.

Sein epochemachendes Werk **»Brave New World«** erschien 1932, zu einem Zeitpunkt, als die Weltwirtschaftskrise ihren Höhepunkt erreicht hatte und eine neue Ära kriegerischer Konflikte drohte. Als überzeugter Pazifist verließ Aldous Huxley 1937 Europa und zog nach Hollywood, Kalifornien, wo er nun auch Drehbücher für Filme schrieb. Den Schwerpunkt seines Werks bildeten zunehmend Bücher, die religiös-mystische Themen behandeln (1952 »The Devils of Loudun«), die Fragen der Wahrnehmung unter dem Einfluss von Drogen untersuchen (1954 »The Doors Of Perception«), und solche, die immer wieder sein Hauptwerk reflektieren (1958 »Brave New World Revisited«). Auch in seinem letzten Roman »Island« (1962) griff er das Genre der Utopie wieder auf. Aldous Huxley starb 1963 weltberühmt im Alter von 69 Jahren.

family of scholars	Gelehrtenfamilie
on one's father's side	väterlicherseits
trailsblazer of Darwinism	Wegbereiter des Darwinismus
evolutionary theory	Evolutionstheorie
literary critic	Literaturkritiker
teacher	Pädagoge/in
Braille	Blindenschrift
to volunteer	sich freiwillig melden
period as an assistant teacher	Zwischenspiel als Aushilfslehrer
epoch-making	epochemachend
world economic crisis	Weltwirtschaftskrise
to peak	einen Höhepunkt erreichen
confirmed pacifist	überzeugter Pazifist
screenplay	(Film) Drehbuch
perception	Wahrnehmung

Der Aufbau des Textes

Kapitel (Seite)	Orte und Inhalte – handelnde Personen	Funktion
I (21–39)	Führung durch das Londoner Brutzentrum – Direktor – Henry Foster – Lenina Crowne	**Exposition:** Ort und Zeit der Handlung
II (40–52)	Konditionierungsabteilung: Lernen durch bedingte Reflexe und im Schlaf	Dem Leser wird zusammen mit den Studenten die »Neue Welt« von Experten erklärt.
III (52–81)	Konditionierungsabteilung: Errungenschaften der Neuen Welt – Mustapha Mond	Nach und nach werden die wichtigen Personen des Romans eingeführt.
	Verschiedene Schauplätze: Freizeitplanung, Einladung zum Besuch des Reservats – Fanny Crowne – Bernard Marx – Benito Hoover	
IV §1 (81–88)	Feierabend: Gespräche im Lift und auf dem Dach des Brutzentrums	**Die Personen** gewinnen an Kontur durch Beschreibung ihrer alltäglichen Aktivitäten, ihrer Ansichten und Vorhaben.
IV §2 (88–97)	In Bernards Wohnung: Probleme werden besprochen – Bernard Marx – Helmholtz Watson	Die in Paragrafen unterteilten Kapitel zeigen Kontraste und Gemeinsamkeiten der Lebensgestaltung in einer Welt auf, in der Vergnügungszwang besteht.
V §1 (97–104)	Flug zur Londoner Innenstadt – Westminster Abbey Cabaret – Henrys Wohnung – Lenina Crowne – Henry Foster	
V §2 (105–114)	Solidaritätsmesse: kollektives Vergnügen – Bernard Marx	

Kapitel (Seite)	Orte und Inhalte – handelnde Personen	Funktion
VI §1 (114–123)	Erstes Rendezvous – Lenina Crowne – Bernard Marx	
VI §2 (123–128)	Antrag für den Besuch der Reservation – Erinnerungen – Androhung der Verbannung – Direktor – Bernard Marx	Der **Handlungsknoten** wird sichtbar: Der Direktor hat eine Vergangenheit (Was war damals wirklich geschehen?), die mit Bernards zukünftigem Schicksal verbunden scheint.
VI §3 (129–136)	Reise zur Reservation – Gästehütte im Reservat – Bernard Marx – Lenina Crowne – Helmholtz Watson (am Telefon)	Die eigentliche Handlung beginnt. Neuer Schauplatz
VII (137–155)	Besichtigung der Reservation – neue Bekanntschaften – Bernard Marx – Lenina Crowne – John – Linda	**Exposition der »alten Welt«** a) durch die Augen Leninas b) durch die Erzählung Lindas c) durch die Erzählung Johns
VIII (155–174)	Kindheit in der Reservation – John – Bernard Marx	**Johns Rolle** als künftiger Gegenspieler der »Neuen Welt« wird durch seine Bildungsgeschichte sichtbar. Verknüpfung der Schicksale Johns und Leninas.
IX (174–180)	Verhandlung um die Einreiseerlaubnis in die Neue Welt für John – John verliebt sich in Lenina – Bernard Marx – John – Lenina Crowne	

Kapitel (Seite)	Orte und Inhalte – handelnde Personen	Funktion
X (180–187)	Im Brutzentrum – Entlarvung des Direktors – Direktor – Bernard Marx – Linda – John	**1. Handlungshöhepunkt** und Auflösung der Verknüpfung zwischen dem Direktor, Linda und John.
XI (188–210)	Unterwegs in der Neuen Welt – Schock für John – Linda – Bernard Marx – John – Lenina Crowne	Neue Sicht und Bewertung der Zivilisation: Die Perspektive des Lesers wird ersetzt durch die Johns. Fortsetzung der Handlung John – Lenina.
XII (210–226)	Party mit dem »Wilden« – John – Bernard Marx – Helmholtz Watson	John rebelliert erstmals. In Watson findet er einen Mitstreiter, der sich jedoch von seinem Puritanismus distanziert.
XIII (226–239)	In Bernards Wohnung: Verführungsversuche – John – Lenina Crowne	**2. Handlungshöhepunkt** und Peripetie in der Beziehung Johns zu Lenina. Anzeichen für eine radikale Ablehnung der »Neuen Welt« durch John.
XIV (240–251)	Im Sterbehospital: Lindas Tod – Linda – John – spielende Kinder	Die durch Lindas Tod verursachten Schuldgefühle verstärken Johns Radikalismus und bereiten seine völlige Isolierung vor.
XV (251–260)	In der Halle des Hospitals: *Soma*-Verteilung – Angestellte – John – Polizei – Helmholtz Watson – Bernard Marx	**3. Handlungshöhepunkt:** John lehnt sich offen gegen die Gesellschaftsordnung auf, indem er *Soma* als ihre Hauptstütze abschaffen will.

Kapitel (Seite)	Orte und Inhalte – handelnde Personen	Funktion
XVI (260–274)	Gespräch mit einem der Weltkontrolleure – Mustapha Mond – John – Helmholtz Watson – Bernard Marx	**Retardierendes Moment:** Vor der Katastrophe rechtfertigen die Protagonisten ihr bisheriges und zukünftiges Verhalten in einem Streitgespräch. Auflösung des Handlungsstranges Bernard Marx.
XVII (274–286)	Gespräch unter vier Augen: Sinnsuche – Mustapha Mond – John	
XVIII (286–308)	Verbannung – einsamer Leuchtturm an der Küste: wieder »Attraktion« – Bernard Marx – Helmholtz Watson – John – Lenina Crowne	**4. und ultimativer Handlungshöhepunkt:** Der totalitäre Charakter der »Neuen Welt« lässt John nur den Ausweg der Gewalt gegen Lenina und sich selbst, um seine inneren Konflikte zu lösen.

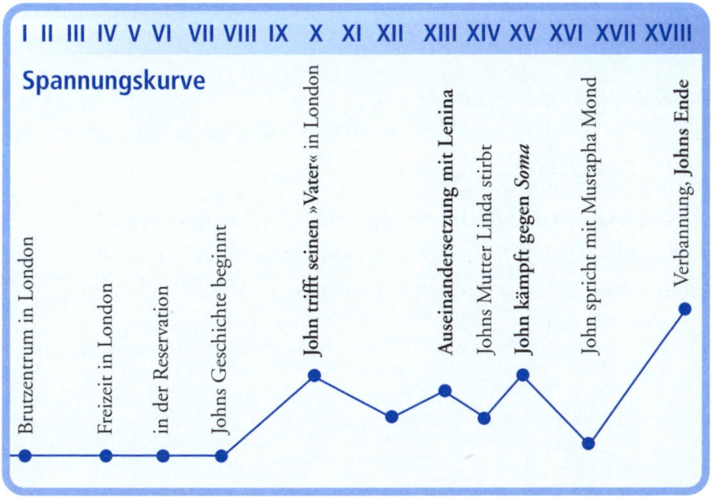

Hintergrund

Die sprachliche Form

Merkmale

- **Verbale Ironie** (verbal irony)

Stilmittel, das es dem Sprecher/Erzähler erlaubt, in witziger Form das Gegenteil dessen zu sagen, was er meint.

- **Parodie** (parody)

Nachahmung mit dem Ziel, das Nachgeahmte der Lächerlichkeit preiszugeben, z. B. die Sprache der Wissenschaft.

- **Ellipse** (ellipsis)

Auslassung von Wörtern/Satzteilen in einem Satz als Stilmittel zur Charakterisierung einer Person oder Situation.

- **Innerer Monolog** (stream of consciousness)

Gibt dem Leser den Eindruck des Flusses von Gedanken, Gefühlen und Erinnerungen einer Romanfigur.

- **Metapher** (metaphor)

Indirekter Vergleich durch Gleichsetzung von Begriffen aus verschiedenen Bereichen, z. B. »Mäuse« für »Geld«.

- **Wechselnder Erzählerstandpunkt** (shifting point of view)

Der auktoriale (allwissende) Erzähler schlüpft in die Gedanken- und Gefühlswelt seiner Personen hinein und erzählt die Handlung streckenweise aus ihrer Sicht.

Beispiele

→ John angesichts halb debiler Epsilon-Arbeiter:
»O brave new world …« By some malice of his memory the Savage found himself repeating Miranda's words.
»O brave new world that has such people in it.« (S. 196)

→ *» … still, we mean to beat them if we can. I'm working on a wonderful Delta-Minus ovary at this moment. Only just eighteen months old. Over twelve thousand seven hundred children already, either decanted or in embryo. And still going strong. We'll beat them yet.«* (S. 28)

→ *Standard men and women; in uniform batches. The whole of a small factory staffed with the products of a single bokanovskified egg.* (S. 26)

→ *She knew him for John, her son, but fancied him an intruder into that paradisal Malpais where she had been spending her soma-holiday with Popé.* (S. 248)

→ *And from out of the bellies of these giant grasshoppers stepped men in white viscose-flannels, …* (S. 303)

→ *He had seen, for the first time in his life, the face of a girl […] whose expression (amazing novelty!) was one of benevolent interest. Lenina was smiling at him; such a nice-looking boy, she was thinking, and a really beautiful body.* (S. 149)

Der Text in seiner Zeit

Aldous Huxley beeinflusste seit seinem ersten Roman »Crome Yellow« (1921) durch seinen Stil, seinen Witz und seine Ironie nach dem 1. Weltkrieg eine ganze Generation englischer Schriftsteller.

Bei seinem Erscheinen im Jahre 1932 traf »Brave New World« daher auf ein interessiertes Publikum. Huxley hatte hier, teilweise noch im Stil der *novel of ideas*, heftig diskutierte Ideen und Theorien dieser Epoche fiktiv im 7. Jahrhundert »nach Ford« verwirklicht. Die so entstandene Gesellschaft steht auf der Grundlage der Eugenik – der Wissenschaft von der Optimierung der Erbanlagen –, der Trieblehre von Sigmund Freud, der Methode der Konditionierung von Reflexen von Iwan Pawlow und vor allen des Prinzips der industriellen Massenproduktion, als deren Wegbereiter Henry Ford im neuen Weltstaat vergöttlicht ist. Die perfekte Glücksdroge zusammen mit völliger sexueller Freizügigkeit rundet das Bild ab.

Die teilweise Attraktivität dieses Entwurfs und die Treffsicherheit seiner Vorhersagen faszinieren die Leser seit dem Erscheinen des Romans. Gerade die scheinbare Unausweichlichkeit der Entwicklung hin zu einer hirnlosen Konsum- und Spaßgesellschaft sowie die verächtliche Beschreibung der Massen haben Huxley von Anfang an den Vorwurf eingebracht, ein zynisch-arroganter Oberschichtsnob zu sein.

In seinem ersten 1946 verfassten Vorwort zu »Brave New World« gesteht er unumwunden die literarischen Schwächen des Romans ein. Dem inhaltlichen Vorwurf seiner Kritiker, dem Leser nur die Wahl zu lassen zwischen *insanity on the one hand* [d. h. die der neuen Welt; d. Verf.] *and lunacy on the other* [nämlich dem kompromisslosen Individualismus Johns und dem Aberglauben der Primitiven; d. Verf.] (S. 6) stimmt er zu. Er behauptet außerdem, es gehe ihm bei diesem Roman weniger um künstlerischen oder philosophischen Ehrgeiz als um *a book about the future and, […], a book about the future can interest us only if its prophecies look as though they might con-*

ceivably come true. (S. 9) Was das Eintreffen der Vorhersagen angehe, sehe er sich bis dahin eher bestätigt. Die Entwicklung verlaufe wesentlich schneller, als er es sich habe träumen lassen (S. 19).

style, wit and irony	Stil, Witz und Ironie
novel of ideas	Ideen-, Thesenroman
improvement of hereditary disposition	Verbesserung der Erbanlagen
drive theory	Trieblehre
the appeal of this sketch	die Attraktivität des Entwurfs
the accuracy of his forecast	Treffsicherheit seiner Vorhersagen
inevitability	Unausweichlichkeit
consumer and fun-oriented society	Konsum- und Spaßgesellschaft
contemptuous	verächtlich
he was accused of	es brachte ihm den Vorwurf ein, dass …
literary shortcomings	literarische Schwächen

Schaut man heute, viele Jahrzehnte nach dem Erscheinen von »Brave New World«, in die Massenmedien, so wird klar, wie sehr Huxleys Vision, meist komprimiert durch die Nennung des Titels des Romans, in unser kollektives Bewusstsein eingedrungen ist. Allein die deutsche Übersetzung »Schöne neue Welt« im Fischer Taschenbuchverlag erlebte im November 2005 ihre 62. Auflage seit 1953. Bei der aktuellen Diskussion über pränatale Diagnostik, künstliche Befruchtung oder das Klonen embryonaler Stammzellen wird die »schöne neue Welt« Huxleys immer wieder als Horrorvision zitiert.

collective consciousness	kollektives Bewusstsein
current discussion	aktuelle Diskussion
prenatal diagnosis	pränatale (vorgeburtliche) Diagnostik
artificial insemination	künstliche Befruchtung
cloning of embryonic cells	Klonen embryonaler Zellen

Die literarische Gattung

»Brave New World« spielt in ferner Zukunft im Jahre 632 nach Ford (vgl. oben S. 5), was dem Jahr 2540 n. Chr. entspricht[1]. Insofern kann man das Werk der großen Gruppe der **Zukunftsromane** und damit auch der Science-Fiction-Literatur zuordnen, d. h. *that branch of literature which deals with the response of human beings to advances in science and technology*[2].

Das eigentliche SF-Element ist die Anwendung des Fließbandsystems auf alle Bereiche des Lebens (und des Sterbens!) und die Perfektionierung von Techniken und Erfindungen, die 1932 noch in den Kinderschuhen steckten: Geburtenkontrolle und Eugenik, Massen- und Werbepsychologie, bild- und tonzentrierte Kommunikationsmedien, die das geschriebene Wort überflüssig zu machen drohten, und, angesichts der schädlichen Wirkungen von Alkohol und der Modedroge Kokain, die Spekulation über perfekte Psychopharmaka. Die »schöne neue Welt« beschreibt daher eigentlich nur ein Optimum dessen, was man 1932 für die Zukunft erwarten konnte: eine stabile Wohlstandsgesellschaft, in der es nur »glückliche« Menschen gibt. »Brave New World« ist allein deshalb schon eher eine Parodie auf einen SF-Roman, weil das beschriebene Optimum jeglichen weiteren »Fortschritt« von selbst verbietet.

science fiction novel	Zukunftsroman
assembly line system	Fließbandsystem
to be still in its infancy	noch in den Kinderschuhen stecken
eugenics	Eugenik
focused	zentriert
communication media	Kommunikationsmedien
lifestyle drug cocaine	Modedroge Kokain
affluent society	Wohlstandsgesellschaft
automatically excludes	es verbietet sich von selbst

1 vorausgesetzt, man nimmt die Fertigstellung des ersten nach dem Fließbandverfahren produzierten Exemplars der legendären *Tin Lizzy* am 12. August 1908 als Stichtag

2 J. T. Shipley, *Dictionary of World Literary Terms*. Oxford 1970, S. 291f. unter *science fiction*

Eine andere Linie der Zukunftsliteratur hat ihren Namen von der Beschreibung der besten und glücklichsten aller Gesellschaften auf der – nicht existenten – Insel **Utopia**, die der englische Humanist **Thomas Morus** 1516 veröffentlichte. Der Versuch, das Bild des idealen Staatswesens zu entwerfen, geht bis in die Antike zurück[1]. So bezeichnet der Begriff **Utopie** denn auch seit Morus einen Idealzustand, obgleich die Wahrscheinlichkeit seiner Verwirklichung unrealistisch erscheinen mag. Der von Morus erfundene Name ist jedoch ein Wortspiel, das zwei Lesarten zulässt: der nicht existierende Ort (outopia) und der glückliche Ort (eutopia)[2]. Zwischen diesen beiden Polen hat sich die utopische Literatur seitdem angesiedelt. Im 20. Jahrhundert entstand die Form der **Anti-Utopie** oder **Dystopia**, die im Hinblick auf das Entwicklungspotenzial der Gegenwart ein pessimistisches Bild der Zukunft zeichnet. Obwohl die Anti-Utopie auf Vorschläge zur Verbesserung der Gegenwart verzichtet, will sie jedoch gerade durch ihre Schreckensszenarien gegenwärtige Entwicklungen bremsen, die in einer Katastrophe enden könnten. Herausragende Werke dieser Gattung sind Aldous Huxleys »Brave New World« (1932) und George Orwells »Nineteen Eighty-Four« (1949), die heute gleichermaßen für die gesamte dystopische Literatur stehen.

the best of all worlds	die beste der Welten
it has its origin in antiquity	sie hat ihren Ursprung in der Antike
the ideal state	das ideale Staatswesen
to aim for an ideal	ein Ideal anstreben
pun	Wortspiel
it can be interpreted in two ways	es lässt zwei Bedeutungen zu
possibility for development	Entwicklungsmöglichkeit/-potenzial
horror scenario	Schreckensszenario
current developments	gegenwärtige Entwicklungen

1 vgl. Shipley, a. a. O., S. 350f. unter *utopian literature*
2 Shipley, a. a. O.; vgl. auch Erzgräber (s. unten S. 62), S. 13f.

Interpretation

Textanalyse

Zwei Welten prallen in »Brave New World« aufeinander: die neue Welt der hedonistischen Konsumgesellschaft und die primitive Welt einer in Mythen befangenen Indianerreservation. Zwischen beiden steht John, »der Wilde«, dessen Suche nach Schönheit und Würde zum Scheitern verurteilt ist.

1. Die neue Welt

Gleich der erste kurze Absatz des ersten Kapitels führt den Leser in das **Herz der neuen Welt**, die **Produktionsanlage für Menschen**, und konfrontiert ihn mit dem Motto des Weltstaates: *Community, Identity, Stability* (S. 21). Der Sinn des Mottos, das an das »Freiheit, Gleichheit, Brüderlichkeit« der Französischen Revolution erinnert, wird in den ersten drei Kapiteln des Romans deutlich:

- *Community* – **Jeder gehört jedem**. Bereits eine länger währende Zweierbeziehung ist ein asozialer Akt (vgl. S. 68), die Besinnung auf sich selbst eine Bedrohung der Gesellschaft (vgl. S. 184). Außerhalb der Gemeinschaft gibt es keine Existenzmöglichkeit (vgl. Kapitel XVIII).
- *Identity* – In auffälligem Kontrast zu diesem Schlagwort steht, dass die Gesellschaft hierarchisch **in Kasten gegliedert** ist. Die Spitze des »Eisberges« sind die **Alphas** und die **Betas**, »unter Wasser« folgen **Gammas**, **Deltas** und **Epsilons** (vgl. S. 267f.). Zunächst besteht »Identität« nur als »Gleichheit der Erbanlagen« bei den *millions of identical twins* (S. 27) der drei unteren Kasten, dem Rückgrat der Gesellschaft. Genau wie die Alphas und Betas sind sie darüber hinaus aber auch gleich im Hinblick auf den Zweck,

für den sie gezeugt wurden und der ihnen überhaupt ihre **Existenzberechtigung** verleiht. Jeder ist in seiner **Funktion** auf seine Weise nützlich, sogar noch im Tode, denn dann wird unterschiedslos aus ihren Körpern Phosphor für die Herstellung von Pflanzendünger gewonnen (vgl. S. 99). Das für alle gültige identitätsstiftende Prinzip der gesellschaftlichen Nützlichkeit erfordert zwar Ungleichheit, die Pflicht zur Erbringung eines Nutzens für die Gesellschaft stellt jedoch alle wieder auf die gleiche Stufe.

- *Stability* zu erhalten ist das höchste Ziel der Gesellschaft. Wenn Mustapha Mond seine Rede an die Studenten mit dem Ford-Zitat *History is bunk* (S. 57) beginnt, beschreibt er damit seine eigene Aufgabe als Weltkontrolleur, nämlich Veränderungen zu verhindern. Wo es **keine Veränderung** gibt, gibt es auch **keine Geschichte**. Die neue Welt befindet sich in jenem geschichtslosen Zustand, den die Menschheit immer schon in Form des »Paradieses«, des »1000-jährigen Reiches« oder der marxschen »klassenlosen Gesellschaft« »erbetete«, erhoffte oder erkämpfen wollte. *Soma* hat die Aufgabe, jede Unruhe in der Gesellschaft zu verhindern (vgl. S. 78f.). Wer es nicht nehmen will, wie Bernard, Helmholtz oder John, gefährdet die Stabilität.

»Freedom, Equality, Fraternity«	Freiheit, Gleichheit, Brüderlichkeit
antisocial act	asozialer Akt
self-contemplation	Besinnung auf sich selbst
conspicuous contrast	auffälliger Gegensatz
it is hierarchically structured	hierarchisch gegliedert/aufgebaut
hereditary factor	Erbanlage
backbone of society	Rückgrat der Gesellschaft
to procreate	zeugen
right to exist	Existenzberechtigung
useful in one's own way	auf eigene Weise nützlich sein
the principle of social usefulness	Prinzip gesellschaftlicher Nützlichkeit
ahistorical state	Zustand der Geschichtslosigkeit
the millennium (bibl.)	das Tausendjährige Reich (biblisch)
classless	klassenlos

Das Motto des Weltstaates stellt also eine **Umkehrung der** Ziele der politischen **Aufklärung** im 18. Jahrhundert dar und damit der Werte der darauf gegründeten bürgerlich-freiheitlichen Gesellschaft, wie wir sie heute kennen[1]. Die Menschen der »neuen Welt« bemerken jedoch nicht, dass sie in einer **totalitären Diktatur**[2] leben, die ihr Leben bis in die intimsten Einzelheiten hinein vorherbestimmt hat und reglementiert. Statt durch Gewalt, Einschüchterung und Terror regieren die zehn Weltkontrolleure (vgl. S. 57) durch »Sex, Spiele und *Soma*«. Die einzige Gefahr, die diesem System droht, ist Langeweile, verbunden mit Soma-Knappheit (vgl. Kap. XV).

Aber werden hier eigentlich »Menschen« regiert? Die große Mehrheit der Einwohner sind zwergenhafte, halb schwachsinnige Zwillinge aller Rassen, die sich scheinbar wie Maden überall ausbreiten (vgl. S. 87; S. 252). Nur die Minderheit der Alphas und Betas entspricht dem Bild des Lesers (und Johns!) vom Menschen. Die Alphas sind intelligent und zu freien Willensentscheidungen fähig (vgl. S. 266), also potenziell in der Lage, das System zu durchschauen und sich ihm zu entziehen. Aber die **frühkindliche Konditionierung**, die völlige Abwesenheit von echten existenziellen Problemen[3], der Vergnügungszwang und letztlich die Bedrohung durch Verbannung zwingen auch sie in den Infantilismus (vgl. S. 127). Dies sei, stellt Mustapha Mond lakonisch fest, der Preis für das Glück, und aufgrund seines persönlichen Schicksals kann er die Höhe dieses Preises ermessen: *»Happiness is a hard master – particularly other people's happiness«* (S. 272).

reversal	Umkehrung; Aufhebung
century of enlightenment	Zeitalter der Aufklärung
civil and liberal society	bürgerliche und freiheitliche Gesellschaft
totalitarian dictatorship	totalitäre Diktatur
the most intimate details	intimste Einzelheiten

1 vgl. hierzu auch Erzgräber (s. unten S. 62), S. 136
2 vgl. Huxley, *Foreword*, S. 15; *A really efficient totalitarian state …*
3 vgl. das Gefühl der inneren Leere bei Helmholtz Watson S. 57f.

to predetermine	vorherbestimmen
violence and intimidation	Gewalt und Einschüchterung
moronic	schwachsinnig
to correspond to an idea	einer Vorstellung entsprechen
to see through the system	das System durchschauen
early childhood conditioning	frühkindliche Konditionierung
compulsion to have fun	Zwang, sich zu vergnügen

2. Die Personen

Alle Hauptpersonen sind oder werden zu Außenseitern einer Gesellschaft, die Konformität über alles schätzt[1]. Als Romanfiguren stellen sie **Typen** dar, die Huxley benutzt, um unterschiedliche Weltanschauungen oder Theorien aufeinanderprallen zu lassen. Damit werden Stärken und Schwächen der einzelnen Positionen deutlich. Da die Personen psychologisch »flach« sind *(flat characters)*, ist es für den Leser nur schwer möglich, sich mit ihnen zu identifizieren.

protagonist	Hauptperson (im Drama/Roman)
outsider	Außenseiter
conformity	Konformität
character	Romanfigur
flat character	Typus
ideology	Weltanschauung; Ideologie
to clash	aufeinanderprallen
strong points and shortcomings	Stärken und Schwächen

John (Mr. Savage)

John ist ein **Außenseiter in beiden Welten**. Er tritt erst in der zweiten Hälfte von Kapitel VII (S. 147f.) auf, aber er wird als Gegenspieler der neuen Welt zum eigentlichen »Helden« des Romans.

1 vgl. hierzu Erzgräber (s. unten S. 62), S. 146ff.

Alle Handlungshöhepunkte haben John zum Mittelpunkt:

- der Sturz des Direktors, seines »Vaters« (Kap. X, S. 187);
- die sexuelle Verweigerungsszene mit Lenina (Kap. XIII, S. 229f.);
- der Tod Lindas (Kap. XIV);
- der Aufstand gegen das *Soma* (Kap. XIV);
- sein Tod (Kap. XVIII, S. 306f.).

Sein Außenseitertum wird mit den Worten deutlich, die er an Bernard richtet: *»Hullo. Good-morrow,« said the stranger, in faultless but peculiar English* (S. 148). In diesem altmodischen Englisch der Wende vom 16. zum 17. Jahrhundert charakterisiert er sich selbst unmittelbar darauf als *a most unhappy gentleman* (S. 148). Damit hat John gleichzeitig sein Schicksal und seine Rolle im Roman umschrieben. Er wird in der neuen Welt sein Glück nicht finden, weil er an den **Werten eines Gentlemans im Sinne Shakespeares** festhält, wozu Ehre, Pflicht, Wahrheitsliebe, Liebe und Treue gehören.

Diese Werte sind jedoch nicht erst 600 Jahre nach Ford, sondern teilweise schon für den modernen Leser unzeitgemäß. John scheitert, weil er nicht begreifen kann, dass, wie Mustapha Mond in Kapitel XVII sagt, *»civilization has absolutely no need of nobility or heroism«* (S. 282). Folglich kann John in beiden Welten nicht glücklich werden, denn in der alten Welt *darf* er nicht tapfer sein und in der neuen Welt gibt es für Tapferkeit keinen Anlass. So kann er letzten Endes nur für *ein* Recht einstehen – *the right to be unhappy* (S. 286).

first appearance	erstes Auftreten/Erscheinen
opponent	Gegenspieler
climax	(Handlungs-)Höhepunkt
plot	Handlung (eines Romans)
refusal to have sex	sexuelle Verweigerung
his destiny and his role	sein Schicksal und seine Rolle
to cling to the values of	an den Werten von … festhalten
Shakespearian gentleman	Gentleman im Sinne Shakespeares
honour and sense of duty	Ehre und Pflichtgefühl

love of truth	Wahrheitsliebe
outmoded; old fashioned	unzeitgemäß; altmodisch
to claim sth.; take responsibility for sth.	für etwas einstehen; sich bekennen

Eigentlich möchte John ein akzeptiertes Mitglied der Indianerwelt sein (vgl. S. 148), von deren Moralvorstellungen er bereits geprägt ist, als er mit zwölf Jahren Shakespeares Werke kennenlernt (vgl. S. 164f.). So findet er bei Shakespeare nur Worte für das, was er bereits empfindet, aber nicht ausdrücken kann (vgl. S. 165). Die **Identität der Wertvorstellungen Johns mit der der Indianer** zeigt sich, als er unter dem Einfluss von Versen aus »Hamlet« versucht, Popé zu töten. Es misslingt ihm zwar, aber der Indianer versteht ihn und zollt ihm Respekt (vgl. S. 167). Diese Wertvorstellungen bestimmen auch Johns Verhalten gegenüber Lenina. John fühlt sich *bound by strong vows that had never been pronounced, obedient to laws that had long since ceased to run* (S. 208).

Diese Gesetze hindern ihn, seinem Begehren nachzugeben. Er entwickelt eine Abneigung gegen die sinnlichen Effekte der *feelies* (vgl. S. 206/208). Leninas Annäherungsversuchen weicht er aus. Erst wenn er sich ihre Liebe verdient hat, darf er sich auch ihrem Körper nähern (vgl. S. 203f.). Sex ohne Liebe, Ehe und Treueversprechen ist für ihn undenkbar (vgl. S. 232f.). Da er aufgrund seiner eigenen Gesetze Lenina nicht »haben« kann, das Verlangen nach ihr aber lebendig bleibt, muss er es abtöten (vgl. S. 299f.) und schließlich in einem Anfall keuscher Raserei das Objekt seiner Begierde misshandeln (vgl. S. 306f.). Es triumphieren in ihm also **archaische und mittelalterlich-christliche Moral- und Bußvorstellungen**.

John ist von der absoluten Gültigkeit seiner Moralvorstellungen überzeugt und will sie durchsetzen in einer Welt, deren Moral nicht auf Mangel, sondern auf Überfluss beruht. *»Nothing costs enough here«*, sagt er in der Auseinandersetzung mit Mustapha Mond in Kapitel XVII (S. 284). Über eine Rückkehr in die Reservation denkt John jedoch keinen Augenblick nach. Stattdessen versucht er, innerhalb der Zivilisation **als Einsiedler ein »alternatives« Leben** zu führen (vgl. S. 289f.). Seine Prägung durch die Reservation kommt hier zusammen mit sadomasochistischen Neigungen endgültig zum Durchbruch. Die dramatische Ironie des Schlusskapitels liegt darin, dass Johns Leiden von der Spaßgesellschaft intuitiv als lustbesetzt verstanden und begeistert aufgegriffen wird: *»Orgy-porgy, ...«* (S. 307). Die alte und die neue Welt vereinen sich im Lustprinzip.

Gleichzeitig wird durch die Brutalität, mit der John Lenina auspeitscht, auch die Primitivität der »zivilisierten« Massengesellschaft entlarvt: *Pain was a fascinating horror* (S. 306). Leninas Misshandlung ist ein sensationelles Spektakel – und niemand kommt ihr zu Hilfe. Als John dies am nächsten Tag erkennt, hängt er sich auf. Die mit einer Kompassnadel vergleichbaren Bewegungen der am Seil baumelnden Leiche versinnbildlichen die Schwierigkeiten der Wahl des Wegs in die Zukunft.

to give in to his desires	seinem Begehren nachgeben
an instant dislike	eine sofortige Abneigung
overtures	Annäherungsversuche
a fit of chaste fury	Anfall keuscher Raserei
archaic and medieval	archaisch und mittelalterlich
ideas of penance	Bußvorstellungen
absolute validity	absolute Gültigkeit
to accomplish	durchsetzen
privation	Mangel; Entzug
to be based on abundance	auf Überfluss gegründet sein
sado-masochistic inclination	sadomasochistische Neigung
to erupt	zum Durchbruch kommen
fun-orientated society	Spaßgesellschaft
pleasure-orientated	lustvoll; lustbesetzt
they unite	sie vereinen sich
pleasure principle	Lustprinzip
to unmask	entlarven
a spectacular show	sensationelles Spektakel

Bernard Marx und Helmholtz Watson

Beide sind typische **Außenseiter** in der »neuen Welt«. Sie gehören zur Gruppe der Alpha-Plus und sind daher innerhalb gewisser Grenzen in der Lage, Verhaltensweisen als konditioniert zu erkennen und dadurch Distanz zu ihnen zu entwickeln (vgl. insbesondere den Streit zwischen Bernard und Lenina in Kapitel VI § 1, S. 118f.). Andererseits haben sie aber auch die Pflicht, in ihrem Verhalten Vorbilder sowohl für die anderen Alphas als auch für die unteren Kasten zu sein, wie der Direktor gegenüber Bernard ausdrücklich hervorhebt (vgl. S. 127). Dieser Pflicht entziehen sich beide, wenn auch aus unterschiedlichen Motiven und auf unterschiedliche Weise, und werden dafür mit Verbannung bestraft.

An **Bernard Marx** zeigt sich auffällig, dass die »neue Welt« nicht so perfekt ist, wie sie scheint, denn irrtümlicherweise wurde ihm in der Embryonalphase Alkohol ins Blutsurrogat gegeben (vgl. S. 71). Daher ist er für einen Alpha zu klein, was ihn für die Mädchen wenig attraktiv und für die Männer zum Gespött macht. Er wird dem Leser in Kapitel III im Männerumkleideraum vorgestellt mit dem Satz: *»Those who feel themselves despised do well to look despising«* (S. 59). Sein zur Schau gestellter Nonkonformismus kompensiert lediglich die Verachtung, unter der er oft zu leiden hat (vgl. S. 56; S. 192f.).

Er gibt vor zu verachten, was er begehrt, insbesondere schnellen Erfolg bei Frauen. Als er mit John und Linda aus der Reservation zurückkehrt und für kurze Zeit ein wichtiger Mann wird, zeigt sich, dass seine **Kritik an den Werten der »neuen Welt« nur** seiner **Selbstdarstellung** diente. Bernard erweist sich als völlig prinzipienlos. So brüstet er sich mit seinem Frauenkonsum, ist bereit, seine Freundschaft mit Helmholtz seinem Erfolg zu opfern (vgl. S. 191f.), erweist sich beim *Soma*-Aufstand als Feigling (vgl. S. 257f.) und verrät sogar seine Freunde (vgl. S. 270). John benutzt er von Anfang an als Mittel zum Zweck, um seine Rachsucht gegenüber seinem Vorgesetzten zu befriedigen und durch ihn berühmt zu werden (vgl.

S. 173). Bernard stellt also den **Typ des Zu-kurz-Gekommenen** dar, der **aus Neid zum Nonkonformisten** wird, im Kern aber ein Opportunist ist.

patterns of behaviour	Verhaltensmuster
to shirk a duty	sich einer Pflicht entziehen
his much-vaunted non-conformism	sein zur Schau gestellter Nonkonformismus
it compensates for his suffering from	es kompensiert sein Leiden unter
public image	Selbstdarstellung
unprincipled	prinzipienlos
coward	Feigling
a means to an end	ein Mittel zum Zweck
to satisfy his vindictiveness	seine Rachsucht befriedigen
the one who came off badly	derjenige, der zu kurz gekommen war
an opportunist at heart	im Kern ein Opportunist

Nicht so **Helmholtz Watson**, der in Kapitel IV § 2 zum ersten Mal auftritt. Er hat alles, was Bernard nicht hat: *every centimetre an Alpha-Plus* (S. 92). Sein Problem ist seine **herausragende Intelligenz**, die ihn die neue Welt distanziert betrachten lässt (vgl. S. 93). Er fühlt sich unausgefüllt und sieht kein Ziel, für das es sich lohnt, sein sprachliches Talent einzusetzen (vgl. S. 95f.). Er ist auch charakterlich das Gegenbild von Bernard: Er ist selbstbewusst (vgl. S. 97), ein verlässlicher Freund (vgl. S. 219; S. 257f.) und akzeptiert ohne Wehleidigkeit seine Verbannung als Konsequenz seines Handelns und als Preis für ein selbstbestimmtes Leben (vgl. S. 273f.). Diese Eigenschaften ermöglichen ihm auch, mit John in ein echtes Gespräch zu kommen (vgl. S. 219f.) und dadurch die Sprachgewalt Shakespeares kennenzulernen.

Jedoch kann auch er nicht über den Schatten der neuen Welt springen, weil er die Themenwahl Shakespeares z. B. im Fall von »Romeo and Juliet« – und damit auch Johns Problem mit Lenina – einfach nicht begreifen kann (vgl. S. 224f.). Helmholtz ist wohl die Romanfigur, mit der der Leser sich am ehesten identifizieren kann. Dennoch kann er nicht der »Held« des Romans sein, weil er im Hintergrund bleibt und von ihm keine Impulse für die Handlung ausgehen.

to look at sth. from a distance	etw. distanziert betrachten
self-pity	Wehleidigkeit; Selbstmitleid
The leopard cannot change his spots. (proverb)	Man kann nicht über seinen eigenen Schatten springen. (Sprichwort)

Lenina Crowne und Linda

Lenina und Linda sind Beta-Frauen, geschaffen für wissenschaftlich-technische Assistententätigkeiten. Beide üben die gleiche Tätigkeit in der Londoner Brutanstalt aus, beide haben Alpha-Freunde, mit denen sie die Reservation in Neu-Mexiko besuchen, und für beide besiegelt dieser Besuch ihr weiteres Schicksal.

Wir lernen **Lenina** am Ende von Kapitel I bei ihrer Arbeit im *Embryo Store* des Brutzentrums kennen (vgl. S. 37f.). Das hier herrschende purpurne Rotlicht macht die erste Begegnung etwas gespenstisch: Sie hat Anzeichen einer Hautkrankheit (Lupus), rote Augen, und als sie lächelt, blitzen ihre Zähne rot auf. Dennoch wird sie beschrieben als *uncommonly pretty* (S. 38). Obwohl sie – wie wir ab Kapitel III feststellen – ein absolut gelungenes Beta-Exemplar ist, das sich entsprechend ihrer Konditionierung benimmt, kleidet und ausdrückt, weicht sie in zwei Punkten von der Norm ab: Ihr Verhältnis mit Henry Foster zeigt, dass sie eine **Neigung zu Beständigkeit** hat, was tadelnswert ist (vgl. S. 65), und bei der Wahl ihrer Partner ist sie in der Lage, ungewöhnliche Entscheidungen zu treffen. Sie will sich ausgerechnet mit dem skurrilen Zwerg Bernard Marx einlassen (vgl. S. 69f.).

Ihr Erfolg bei Männern ist enorm, und Lenina ist stolz darauf, wenn die Männer davon schwärmen, wie wundervoll »pneumatisch« sie ist (vgl. S. 69; S. 121). Leider sind ihre **intellektuellen Fähigkeiten dürftig**. Bernard Marx geht es auf die Nerven, dass sie außer den im Kindergarten eingeflüsterten Parolen nichts zu sagen hat und auch nichts anderes versteht (vgl. S. 117f.). Als gefährlich erweist sich Leninas Beschränktheit bei der Begegnung mit John. Sie kann in ihrem entscheidenden Gespräch den Unterschied zwischen »jemanden haben wollen« und »jemanden lieben« nicht verstehen (vgl. S. 233f.). Bernard hatte in bewusster Absetzung von den anderen Männern gerade nicht *a bit of meat* (S. 70) in Lenina sehen wollen. Sie selbst aber hat tatsächlich nichts anderes zu bieten als ihren Körper. So peitscht John schließlich mit ihr »das Fleisch« aus, als das Lenina sich selbst sieht und das eine ständige Versuchung für ihn darstellt.

Es gibt jedoch Anzeichen, dass Lenina zu tieferen Gefühlen fähig ist: Ihre Unkonzentriertheit bei der Arbeit in Kapitel XIII und ihr Geständnis gegenüber Fanny, dass sie niemanden außer John will (vgl. S. 227f.), und schließlich ihre Tränen in Kapitel XVIII (vgl. S. 306) kann man als **»Liebeskummer«** deuten, obwohl es das in der neuen Welt gar nicht geben dürfte. Warum vergisst sie John nach dem gescheiterten Verführungsversuch in Kapitel XIII nicht, sondern versucht ihn im letzten Kapitel wiederzusehen – übrigens immer noch in Begleitung von Henry Foster (vgl. S. 305f.)? *Soma* ist für sie der einzige Ausweg aus dem Dilemma, konventionell sein zu wollen, aber gefühlsmäßig dagegen zu verstoßen.

Huxley hat mit Lenina eine Romanfigur geschaffen, die dem Klischee vom hübschen blonden »Dummchen« vollständig entspricht. Ihre grausame Auspeitschung jedoch erscheint ungerecht, weil sie objektiv keinerlei Schuld auf sich geladen hat. Auf eine paradoxe Weise ist sie so rein wie Julia in den Versen, die John zitiert, als er die schlafende Lenina in der Gästehütte betrachtet (vgl. S. 179). Sie wird der puritanischen Moral Johns zum Opfer gebracht, dessen »fleischliches« Begehren sie erweckt hat. Im Sinne des Spießers muss sie dafür büßen.

somewhat eerie	etwas gespenstisch
inclination towards stability	Neigung zur Beständigkeit
peculiar dwarf	skurriler Zweg

limited intellectual capacity	dürftige intellektuelle Fähigkeiten
simple-mindedness	geistige Beschränktheit
to be lovesick	Liebeskummer haben
the only way out	der einzige Ausweg
to rebel against sth. emotionally	gefühlsmäßig dagegen verstoßen
dumb blonde	blondes Dummchen
unjust and unjustified	ungerecht und ungerechtfertigt
to burden os. with guilt	Schuld auf sich laden
to sacrifice	opfern; zum Opfer bringen
to rouse lust	(fleischliches) Begehren erwecken
bourgeois	hier: Spießer

Linda

Zum ersten Mal erscheint Linda in Kapitel VII und stellt das völlige **Gegenbild zu Lenina** dar: eine verlebte, fette, schmutzige »Squaw« (vgl. S. 150f.). Leninas Ekel vor diesen Verfallserscheinungen des Fleisches entspricht Lindas Ekel vor sich selbst. Konditioniert wie Lenina und körperlich einst genauso attraktiv, wird sie einer für sie unvorstellbar primitiven Umwelt ausgesetzt. Außerdem ist sie schwanger und hat keine andere Möglichkeit, als das Kind auszutragen. Als »Mutter« jedoch ist ihr der Weg zurück in die Zivilisation versperrt (vgl. S. 152). Sie kann sich aber auch nicht ändern. Die neuen Erfahrungen prallen an ihr ab. Deshalb findet Linda bruchlos in ihre Vergangenheit zurück, als sie Lenina sieht. Nur ihr Körper zeugt vom Einfluss der Reservation auf sie (vgl. S. 153f.).

Ihr Verhältnis zu John ist naturgemäß ambivalent. Einerseits hätte sie es ohne ihn in der Reservation nicht ausgehalten (vgl. S. 155), andererseits versperrt seine Existenz ihr die Rückkehr in den Weltstaat. Einmal zurück in der Zivilisation hat sie nur den Wunsch, aus der Wirklichkeit, in die sie nicht mehr passt, aus- und endlich wieder in die *Soma*-Traumwelt einzutreten (vgl. S. 188f.). John kommt in ihren Träumen offenbar nicht vor, dafür aber ihr Liebhaber Popé. Genau wie Lenina scheint auch Linda Schwierigkeiten mit der Promiskuität zu haben (vgl. S. 246f.). Beide sind tragikomische Figuren: komisch in ihrer Beschränktheit und tragisch in ihrem Schicksal.

opposite	Gegenteil; Gegenbild
ravaged	verlebt
picture of decay	Verfallserscheinung
to correspond to sth.	einer Sache entsprechen
to have the baby	ein Kind austragen
to roll off	abperlen
like water of a duck's back (proverb)	wie Regentropfen vom Ölzeug

Der Direktor und Henry Foster

Beide lernt der Leser gleich in Kapitel I kennen und sie repräsentieren das, was Fanny lobend *»strictest conventionality«* (S. 66) nennt. Das bedeutet, dass der Direktor vor den Studenten Lenina schäkernd auf den Po klopft (vgl. S. 38) und dass Henry Foster zwar seit einiger Zeit mit Lenina schläft, aber neben ihr natürlich andere Mädchen »hat«. Er ist damit in den Augen Leninas *»the perfect gentleman – always correct«* (S. 66). Dieses »politisch korrekte«, vorbildliche Verhalten fordert **der Direktor** auch von Bernard Marx. Aber gerade ihm gegenüber fällt er aus der Rolle und zeigt eine gedankenverlorene Sehnsucht nach einem Mädchen, das er vor 20 Jahren in der Reservation verloren hat. Als er sich dieses Verstoßes gegen die guten Sitten (vgl. S. 126) bewusst wird, streitet der Direktor jegliche emotionale Verstrickung sofort ab: *»It was all perfectly healthy and normal«* (S. 126). Emotionen stören das Gleichgewicht der Gesellschaft: *»No social stability without individual stability«* (S. 66).

Huxley lässt nun ausgerechnet den **Direktor** in Kapitel X durch einen ins Groteske gesteigerten **Gefühlsüberschwang** zu Fall kommen. Nachdem er vor der gesamten Belegschaft die Gefahren, die von Bernards Verhalten für die Stabilität der Gesellschaft ausgehen, beschrieben hat (vgl. S. 184), lässt Bernard Linda herein. Ihr Erscheinen löst beim Publikum starke Gefühle des Ekels bis hin zum Entsetzen aus. Auch der Direktor verliert seine Selbstkontrolle, als er sich nicht vor Lindas Umarmungen retten kann. Die dadurch bei den Zuschauern ausgelöste enorme Heiterkeit schlägt erneut in Ekel um, als Linda den Direktor beschuldigt, ihr ein Kind »gemacht« zu haben (vgl. S. 186f.). Ausgerechnet das »Kind« begrüßt dann formvollendet, allerdings gemäß den Konventionen des 16. Jahrhunderts, seinen »Vater«: *He ... fell on his knees ..., and said in a clear voice: »My father!«* (S. 187). Die altmodische **Konventionalität Johns kontrastiert** scharf **mit** dem Zusammenbruch der **Selbstbeherrschung des Direktors** unter dem neuerlichen, befreiten Gelächter der Belegschaft. Zum Gespött geworden verlässt der pedantische Verfechter des Konformismus (vgl. S. 66) für immer das Haus (vgl. S. 188).

flirtatiously	schäkernd
politically correct	politisch korrekt
a dreamy longing	eine gedankenverlorene Sehnsucht
to offend common decency	gegen die guten Sitten verstoßen
faux pas	Entgleisung; Fehltritt
emotional outburst	Gefühlsüberschwang, -ausbruch
old-fashioned conventionality	altmodische Konventionalität

Henry Foster taucht immer nur als Begleiter des Direktors oder Leninas auf. In die Handlung greift er nicht ein. Dieser *fair-haired, ruddy young man* (S. 28) genießt als **perfekter Technokrat** zweifellos die Gunst des Direktors. Dies wird auch dadurch deutlich, dass in Kapitel X der Direktor mit ihm die Maßnahmen gegen Bernard Marx bespricht (vgl. S. 182f.). Als Alpha hat auch er manchmal Anflüge von Nachdenklichkeit, z. B. als er mit Lenina über die Schornsteine des Krematoriums fliegt und sich plötzlich fragt, wer da wohl gerade verbrannt worden sei (vgl. S. 101). Anders als Helmholtz oder Bernard kann er diese Momente aber mühelos mit den **eingetrichterten Standardformeln** überwinden. So kann er auch Leninas Liebeskummer in Kapitel XIII nur als Beginn einer Infektionskrankheit oder einer Hormonstörung verstehen (vgl. S. 226f.). Danach taucht er noch einmal in Kapitel XVIII auf, und zwar wieder als Begleiter Leninas, so als ob auch er letztlich seine Vorliebe für eine Person nicht unterdrücken kann. Als John aber mit der Peitsche auf Lenina losgeht, kommt er ihr nicht zu Hilfe, sondern bringt sich lieber selbst in Sicherheit (vgl. S. 306).

constant companion	ständiger Begleiter
moments of pensiveness	Anflüge von Nachdenklichkeit
preference	Vorliebe
to come to so.'s aid	jdm. zu Hilfe kommen

Mustapha Mond

Er taucht – wie John – bei seinem ersten Auftritt aus dem Abseits auf. Gestalt und Aussehen Monds werden nur in groben Zügen skizziert (vgl. S. 55f.). Mond ist einer der zehn **Weltkontrolleure** und speziell für Westeuropa zuständig (vgl. S. 57). Die Weltkontrolleure haben unumschränkte Macht, regieren aber nicht mit Gewalt, sondern mit Geduld und zäher Ausdauer (vgl. S. 74). Bei seinem ersten Auftritt in Kapitel III wird deutlich, dass Mond mehr weiß, als er sagen darf (vgl. S. 58). Während des Gedankenaustausches mit John in Kapitel XVI und XVII zeigt sich, dass er über eine **komplette Bildung** in dem Sinne verfügt, wie Huxley sie versteht, und die über die Bildung Johns weit hinausgeht (vgl. auch S. 274f.). Wie John steht auch er **außerhalb der Normen der neuen Welt**, denn *»… as I make the laws here, I can also break them«* (S. 262). Während John jedoch die neue Welt verändern möchte, muss Mond darauf achten, dass sie so bleibt, wie sie ist. Dennoch sympathisiert er mit John und Helmholtz, weil er selbst in seiner Jugend ein Wahrheitssuchender war, der die **Beschränktheit der neuen Welt erkannte** und kurz vor der Verbannung stand (vgl. S. 270f.).

Er opferte seinen Wissensdrang dem Glück anderer, weil er die Wissenschaft von einem gewissen Punkt an als Gefahr erkannte: *»But we can't allow science to undo its own good work«* (S. 272). Der hier durchscheinende **wissenschaftsskeptische Standpunkt** ist uns heute nur allzu vertraut, aber der Wissenschaftsenthusiasmus des 19. Jahrhunderts war auch schon zu Huxleys Lebzeiten in Skepsis umgeschlagen. Demgegenüber vertritt John die These, dass der Forschungsdrang dem Menschen eigen ist und nicht wegkonditioniert werden kann. Johns Überzeugung scheint durch die Existenz der Strafkolonie bestätigt zu werden, in der die unabhängigsten Geister des Weltstaates in Quarantäne gehalten werden müssen (vgl. S. 271). Eine gute Lösung, meint Mond, denn eine Alternative zur Entledigung der Wahrheitssucher wäre: *»Put all you in the lethal chamber, I suppose«* (S. 273).

to appear from offstage	aus dem Abseits auftreten
roughly sketched	in groben Zügen skizziert
exchange of ideas	Gedankenaustausch
present state (of things)	gegenwärtiger Zustand
to change to scepticism	in Skepsis umschlagen

3. Sprache, Kommunikation und Erzählerstandpunkt

Die Handlung in diesem Roman wird von einem **allwissenden Erzähler** in der 3. Person erzählt. Dieser Erzählstandpunkt ermöglicht es auch, die Perspektive zu wechseln und z. B. den Standpunkt einer Romanfigur einzunehmen. Auch kann der **auktoriale Erzähler**, wie ein Icherzähler, parteilich sein und Kommentare zu seinen Personen oder zur Handlung abgeben. In »Brave New World« tut der Erzähler dies in indirekter Form durch die Art, wie er beschreibt oder wie er ein Kapitel aufbaut. Dazu drei Beispiele:

- Der Anfang von Kapitel I besteht aus drei beschreibenden Absätzen. Der erste kurze Absatz besteht aus zwei unvollständigen Sätzen (**Ellipsen**). Scheinbar sachlich und auf das Wesentliche reduziert (keine Verben), stellt der Erzähler den Weltstaat in seiner ganzen Selbstverständlichkeit vor. Die Wucht dieser beiden Ellipsen hat jedoch einerseits etwas von einer komischen Überheblichkeit, andererseits erweckt die elliptische Form den Eindruck, dass dem Weltstaat etwas fehlt.

- Im zweiten Absatz wird der Ort beschrieben, wo menschliches Leben erzeugt wird. Trotz der hier herrschenden Hitze entsteht der **Eindruck von Kälte**: *Wintriness responded to wintriness* (S. 21). Die verwendeten Adjektive erzeugen insgesamt eher den Eindruck eines Leichenhauses als den eines Ortes der Schöpfung von Leben. Ebenso paradox wirkt in Kapitel II die Beschreibung der Atmosphäre im *Neo-Pavlovian Conditioning Room* (S. 40). Es handelt sich zwar um einen Kindergarten, aber die zur Beschreibung der Schwestern genutzten Adjektive erzeugen eher den Eindruck, als ob wir uns in einer Fleischverarbeitungsfabrik befinden. Die Kinder werden mit kleinen Engelchen verglichen, deren Attribute aber einen Zusammenhang mit Krankheit und Tod suggerieren.

- Kapitel III ist ähnlich aufgebaut wie eine Filmhandlung mit immer schnelleren Schnittfolgen und **Szenenwechseln**. Es beginnt noch sehr beschaulich mit beschreibenden Abschnitten (vgl. S. 52–56) und geht nach und nach über in eine hektische Aufeinanderfolge von Satz- und Gesprächsfetzen (vgl. ab S. 71f.). Es ist hier die übergangslose Kontrastierung von ideologischen Lehrsätzen, wie sie Mustapha Mond den Studenten vermittelt, und dem tatsächlichen Leben der Neuweltler. So versichert Mond, dass alles Erdenkliche getan ist, um die Menschen vor Gefühlen zu bewahren, und in der darauffolgenden Sequenz erleben wir zum ersten Mal Bernard Marx in seinem Weltschmerz (vgl. S. 68f.). Während Foster im selben Absatz Lenina wärmstens an Benito Hoover weiterempfiehlt, zeigt der nächste Schauplatz Lenina und ihre Unlust, den Partner zu wechseln (vgl. S. 69). So wird der jeweils vorangehende Abschnitt durch den darauffolgenden kommentiert.

Die **ironische Distanz des Erzählers** zum und seine Kritik am Erzählten wird also ganz wesentlich vermittelt durch Verbindung klischeehafter Begriffe mit ungewöhnlichen Eigenschaften oder kontrastierender Gegenüberstellung mit dem Ziel einer Entlarvung.

point of view	Standpunkt; Erzählperspektive
omniscient narrator	allwissender, auktorialer Erzähler
character	Romanfigur
first-person narrator	Icherzähler
partial	parteilich
descriptive	beschreibend
ellipsis	unvollständiger Satz; Ellipse
reduced to the essentials	auf das Wesentliche reduziert
morgue	Leichenhaus
meat processing plant	Fleischverarbeitungsfabrik
film plot	Filmhandlung
sequence of cuts	Schnittfolge
tranquil	ruhig; beschaulich
hectic sequence of scraps of conversation	hektische Folge von Gesprächsfetzen
without a transition	übergangslos
ideological theorem	ideologischer Lehrsatz
the actual way of life	das tatsächliche, wirkliche Leben
ironical distance	ironische Distanz
stereotyped concepts	klischeehafte Begriffe
exposure	Entlarvung

Eine wichtige Rolle spielt die **Sprache Shakespeares** – das Englisch des ausgehenden 16. Jahrhunderts. Bereits der **Titel** stammt **aus Shakespeares Spätwerk »The Tempest«**: Die junge Miranda wird von ihrem Vater Prospero allein auf einer menschenleeren Insel aufgezogen. Als ein Sturm Schiffbrüchige auf die Insel verschlägt, sieht Miranda zum ersten Mal andere Menschen und ruft entzückt aus:

» *How many goodly creatures are there here!*
How beauteous mankind is! O brave new world,
That has such people in't! (5. Akt, Szene I)

Interpretation

Es ist diese Stelle, die John in seinem freudigen Gefühlsüberschwang zitiert, als Bernard ihm vorschlägt, ihn an den »anderen Ort« mitzunehmen (vgl. S. 174). John kommt während seines Aufenthaltes in der so »schönen neuen Welt« mehrmals auf dieses Zitat zurück[1]. Jedes Mal, entsprechend dem Grad seiner **Frustration** und **Enttäuschung**, nimmt das Zitat eine andere Färbung an: **Ironie** und leichter **Sarkasmus** beim Anblick der Fabrikarbeiter in Kapitel XI (vgl. S. 196), **Zynismus** und **Ekel**, als er in Kapitel XV die *Soma*heischenden Deltas im Sterbehospital sieht, und gleich darauf **idealistischer Auftrag**, die Deltas durch Befreiung vom *Soma* zu Menschen, wie er sie sich wünscht, zu machen (vgl. S. 253f.).

Huxley hat dem Weltstaat keinen Namen gegeben. Der Sinn des Namens, den John ihm gibt, ändert sich je nach seiner Haltung zur »neuen Welt«. Genauso kann auch der Titel des Romans[2] als naive Bewunderung oder ätzender Sarkasmus interpretiert werden.

the end of the 16th century	das ausgehende 16. Jahrhundert
Shakespeare's later work	Shakespeares Spätwerk
deserted island	menschenleere Insel
ship-wrecked	schiffbrüchig
to take on a different meaning	eine andere Färbung annehmen
cynicism	Zynismus
to beg for	betteln um; heischen nach
idealistic mission	idealistische Mission, Auftrag
naive adoration	naive Bewunderung
bitter sarcasm	ätzender Sarkasmus

Es sind Shakespeares Werke, die es John ermöglichen, seine **Gefühle in Worte** zu fassen und sie ihm damit überhaupt erst bewusst zu machen (vgl. S. 165f.). Folglich zitiert er Shakespeare-Verse immer dann, wenn er von Gefühlen überwältigt wird. Diese Verse, deren Inhalt er oft gar

1 vgl. auch Erzgräber (s. unten S. 62), S. 155f.

2 Im modernen Englisch hat *brave* hauptsächlich die Bedeutung »mutig«/»tapfer«, aber es wird auch im Sinne von »gut«/»schön« verwendet; vgl. *Longman Dictionary of Contemporary English*, Stichwort **brave**[1] 4, wo der Titel als eigene Unterbedeutung verzeichnet ist, Langenscheidt-Longman, München 4. Ausgabe 2005

nicht ganz versteht, vermitteln ihm aber auf – wie er es selbst empfindet – magische Weise auch Werte und geben ihm Handlungsanweisungen: *The magic was on his side, the magic explained and gave orders* (S. 167). John identifiziert sich mit Shakespeares Helden und handelt in kritischen Situationen wie diese. So glaubt er Popé töten zu müssen, weil er sich in derselben Situation wie *Hamlet* sieht (S. 166f.).

In seiner keuschen Liebe zu Lenina sieht er sich als *Romeo* und Lenina als *Juliet* oder als *Troilus* und *Cressida* (vgl. S. 179; S. 223f.), in seiner Enttäuschung über Lenina rast er wie *Othello*, als dieser vermeintliche Beweise über Desdemonas Untreue findet (vgl. S. 236). Wie *Othello* in seinem Wahn dann Desdemona und schließlich in Erkenntnis der Wahrheit sich selbst tötet, so misshandelt John im Rausch Lenina und hängt sich auf, als er erkennt, was geschehen ist (vgl. S. 306f.).

Wer Shakespeare kennt, wird über die bereits genannten Dramen hinaus im Roman noch zahlreiche **weitere Zitate aus anderen Shakespearestücken und** auch **-sonetten** finden. Er wird auch bemerken, dass diese Zitate sowohl kommentierenden als auch vorausblickenden Charakter haben. Wichtiger aber, als die einzelnen Shakespearezitate zu identifizieren, ist es, festzuhalten, dass **John sich an Rollenvorbildern und Werten orientiert**, die schon in der ersten Hälfte des 20. Jahrhunderts kaum noch Gültigkeit hatten. Deshalb kann sich der moderne Leser auch nicht mit John identifizieren und in seiner Einstellung eine Alternative zur »neuen Welt« finden. Von den »Neuweltlern« erkennt lediglich Helmholtz Watson den Dichter als erstrebenswertes Vorbild an, allerdings nur wegen seiner sprachlichen Qualitäten. Was Shakespeares Themen und Werte angeht, so kann er sie nur komisch finden (vgl. S. 224f.) – womit sich mancher moderne Leser vielleicht ein Stück weiter identifizieren kann.

to instruct how to behave	Handlungsanweisung geben
to rave	rasen; wüten
supposed evidence	vermeintliche Beweise
realising the truth	in Erkenntnis der Wahrheit

quotation	Zitat
commenting and foreshadowing	kommentierend und vorausschauend
a share of the blame falls on them	sie tragen eine Mitschuld
to be obsolete	keine Gültigkeit (mehr) haben

Gegenüber der Komplexität der Sprache und der Gedanken Shakespeares wirkt die **Sprache der neuen Welt natürlich armselig einfach** und sinnentleert und die Weltkontrolleure achten darauf, dass dies so bleibt (vgl. S. 264). **Kommunikation** unter Neuweltlern ist offenbar nur im praktischen Bereich möglich, wo es um die Weitergabe oder den Austausch sachbezogener Informationen geht (vgl. Kapitel I). In allen anderen Bereichen besteht Kommunikation mehr oder weniger aus dem ständigen Hersagen der Parolen und Gewissheiten, die durch Lernen im Schlaf im Unbewussten tief verankert wurden und durch den Gesprächspartner automatisch bestätigt und damit verfestigt werden.

Nur die Alphas verstehen diesen Mechanismus, können sich seiner Wirkung aber auch nicht völlig entziehen, wie das Beispiel Henry Fosters zeigt (vgl. S. 101). Lenina als Beta kann überhaupt nur in eingetrichterten Phrasen denken und sich ausdrücken. Eine Kommunikation mit Bernard, der ihr diesen Mechanismus bewusst machen will, scheitert daher vollständig an der Beschränktheit ihres Intellekts (vgl. S. 117f.). Aber auch Bernard und Helmholtz verstehen sich nicht wirklich, jedenfalls kann Bernard den Problemen, die Helmholtz hat, nicht recht folgen (vgl. S. 95f.).

Wenn schon **Kommunikation** zwischen Neuweltlern schwierig ist, wie viel **aussichtsloser** ist sie dann **mit einem Fremden** wie John. In Kapitel XIII wollen John und Lenina einander ihre Zuneigung erklären, aber Lenina meint »leiden mögen« und Sex, John meint Liebe und Treue. Eine Verständigung ist aufgrund ihres jeweiligen kulturellen Hintergrundes nicht möglich. Keiner von beiden ist aber in der Lage, dies zu erkennen (vgl. S. 230f.). Obwohl es zunächst so scheint, als ob John und Helmholtz miteinander reden können (vgl. S. 221f.), stößt auch ihre Verständigung an die Grenzen ihrer jeweiligen Sozialisierung bzw. Konditionierung[1] (vgl. S. 224f.). Satirisch überspitzt zeigt Huxley damit Entwicklungen auf, die sich schon zur Entstehungszeit des Romans anbahnten, nämlich die Sinnentleerung der Sprache durch ständige Berieselung mit Werbeslogans oder griffigen politischen Parolen, die sich durch ständige Wiederholung unauslöschlich einprägen und deren Wahrheitsgehalt und Sinn nicht mehr hinterfragt werden. Auch in diesem Bereich hat der Roman deutlich an Aktualität gewonnen.

bereft of meaning	sinnentleert
factual information	sachbezogene Informationen
constant repetition	ständiges Hersagen
affirmed and reinforced	bestätigt und verfestigt
respective cultural background	jeweiliger kultureller Hintergrund
to come up against limits	an Grenzen stoßen
satirically overstated	satirisch überspitzt
time the novel was written	Entstehungszeit des Romans
devoid of meaning	Sinn-, Bedeutungsleere
catchy political slogans	griffige politische Parolen
to become more relevant	an Aktualität gewinnen

Die **Namen der Hauptpersonen** sind ein weiteres Mittel zur Charakterisierung der »neuen Welt«. Huxley hat Vor- und Nachnamen von zu seiner Zeit bekannten Persönlichkeiten insbesondere aus Politik, Wissenschaft und Wirtschaft neu zusammengestellt. So ist der Vorname *Henry* natürlich eine Reminiszenz an Henry Ford; *Lenina* ist die weibliche Form des russischen Revolutionärs und Gründers der Sowjetunion Wladimir Iljitsch Lenin, ihr Nachname wie der eines englischen Dramatikers und Lebemannes des 17. Jahrhunderts; der Name *Helmholtz Watson* setzt sich zusammen aus dem Nachnamen des deutschen Physikers und Philosophen Hermann Ludwig Ferdinand von Helmholtz und des amerikanischen Psychologen und Begründers der Schule des Behaviorismus John B. Watson, eines Zeitgenossen Huxleys, und so weiter. Jeder der im Roman benutzten Namen hat eine historische oder literarische Existenz.

1 vgl. hierzu Erzgräber (s. unten S. 62), S. 149ff.

Die Namen deuten nicht auf verwandtschaftliche Beziehungen zwischen den Neuweltlern hin – Familien gibt es ja nicht mehr (vgl. S. 60). Die Zufälligkeit der Verbindung dieser Personen in einem Namen erzeugt einen komischen Effekt, weil der Leser erkennt, dass die Träger dieser Namen den damit verbundenen, meist widersprüchlichen Ansprüchen[1] in keiner Weise genügen können. Da es Geschichte nicht mehr gibt, ist die Herkunft der Namen unbekannt. Sie dienen auch keineswegs der Charakterisierung der Personen, weder vom Autor her noch in der Welt dieses Romans selbst, und werden in beiden Fällen nach dem Zufallsprinzip vergeben. Wir erfahren vom Erzähler, dass zehntausend Namen für die zwei Milliarden Einwohner des Weltstaates zur Verfügung stehen (vgl. S. 28).

allusion	Anspielung; Reminiszenz
founder	(Be-)Gründer
contemporary	Zeitgenosse
process	Verfahren
to indicate	deuten auf
random selection	Zufallsprinzip; -auswahl

Anmerkung zur deutschen Übersetzung

Herbert E. Herlitschka hat in seiner Übersetzung von 1953[2] den Ort der Handlung des Romans von London nach Berlin-Dahlem verlegt und entsprechend Namen verwendet, die dem deutschen Leser vertraut sind. *Mustapha Mond* wird so zu *Mustafa Mannesmann, Bernard Marx* zu *Sigmund Marx, Lenina Crowne* zu *Lenina Braun, Linda* zu *Filine, John* gar zu *Michel* usw.

annotation	Anmerkung
to transfer	verlegen
setting	Ort und Zeit einer (Roman-) Handlung

1 vgl. Benito [Mussolini; italienischer Diktator 1922–43/45] Hoover [Herbert Hoover; Präsident der USA 1929–33] 2 Aldous Huxley, »Schöne neue Welt«, übersetzt von Herbert E. Herlitschka, Frankfurt am Main 1953. (Revidierte Übersetzung 1981)

Questions and Suggested Answers

»Brave New World« is so full of different topics that it is difficult to know which one you will be asked to deal with. We will set you one task that includes several of these topical aspects, a couple of questions concerning more text-related problems – and, of course, suggestions on how to cope with them.

? Question 1

Which **problems of our time have been solved** in the »new world«? (Hint: Almost all elements of this answer are given by Mustapha Mond in Ch III!)

! Suggested Answer

War: BNW describes an apparently peaceful society. The last and final war was the Nine Years War which started in AF 141 (s. p. 72f.), i.e. in about AD 2050. This war was so terrible and destructive that afterwards mankind decided it preferred »World Control« (p. 73; 273) to independent national states. As the earth has only the one World State, wars are virtually impossible. Even civil wars are prevented by the strict policy of stability and the exiling of non-conformists on isolated islands (s. p. 267).
Violence: Non-violence is one of the main principles of the World State. Destructive energies are channelled and rendered harmless by sexual promiscuity, sporting activities and soma.
Overpopulation: As procreation is no longer a choice for private individuals, birth rates can be kept in balance with death rates, according to needs of the economy.
Unemployment: This problem is automatically solved by the fact that each inhabitant of the New World is »produced« to fulfil a certain function, so there never is a surplus of people for whom there is no work.

Drug abuse: The World State has developed the »perfect« drug (s. p. 78f.). Soma is perfect in that its side-effects (s. p. 189) are minimal compared to its advantages for the individual and the state. Drug-taking is necessary for the stability of the state, so it is not regarded as abuse. As the state controls the supply of soma, everybody has access to it and there is no drug-related delinquency.
Diseases and old age: People in the New World do not know any diseases, most of which are eliminated by genetic engineering or vaccinations during the embryo's time in the »bottle«. Vitamin-, hormone- and mineral-enriched food and medicines help to guarantee that they people young and energetic until they are about 60 (s. p. 80; 278). Then they suddenly collapse and die, after a short stay in the Hospital for the Dying (s. p. 241).

? Question 2

Which **different plot lines** can be distinguished in BNW?

! Suggested Answer

The plot is made up of four separate, partly overlapping plot lines: Firstly, the story of **the »rise and fall« of Bernard Marx**. His ambition, caused by his inferiority complex, is to become important and thus have all the girls he wants, especially Lenina. During his visit to the Indian reservation in New Mexico he happens to meet John, whom he intends to use to reach his aims. His strategy is successful as long as John plays the game. When John refuses to take part in social activities, Bernard is once again as wretched and miserable as before and finally has to accept his exile to an island.

Secondly **the »love-story« between John and Lenina**. They meet in the reservation, and whilst Lenina is immediately physically attracted to John, for him it is love at first sight (s. p. 148f.). This mutual misunderstanding means they continue so long for each other until their final confrontation in chapter XIII. The love-story seems to end here because Lenina disappears from the plot and John seems to be cured of his love. It is only in chapter XVIII that the reader learns that John still yearns for Lenina, but in a perverted way. Lenina shows that she still has feelings for John. The fatal end of their story is also the end of the novel.

Thirdly, **Linda's story**. This starts almost in the middle of the novel in chapter VI 2, when the DHC casually mentions a former girl-friend who got lost in the Reservation. This girl is John's mother Linda, as Bernard realises when he hears John's story. She is addicted to mescal, soma and sex. She has remained a victim of her conditioning, and it has been impossible for her to adapt herself to life outside the »new world«. Her return to London causes the downfall of the DHC. Linda has never been able to understand her importance for John. Being a mother is for her an inexcusable flaw. Although she never plays an active role in the story, her death prompts John to start his rebellion against soma in chapter XV. The gloominess and puritanism of his character is also determined by a permanent feeling of jealousy and of guilt towards Linda, caused by her selfishness and her rejection of her role as a mother. This is part of the reason for John's inflexibility and isolation in both worlds.

Fourthly **John and the »new world«**. John is the character through whose eyes the »new world« is seen from chapter XI onwards. He first appears in chapter VII, and gradually the focus of interest shifts from Bernard Marx to John, where it remains. He thus becomes the »hero« of the novel and the engine of the plot. Though all his intentions and actions eventually fail, he reveals the shortcomings and inherent contradictions of the World State. Chapters XVI and XVII represent a kind of intellectual »show-down« between his conception of humanity and that of his antagonist Mustapha Mond.

Lese- und Filmtipps

Werke von Huxley

Der Roman »Brave New World« steht sicher im Mittelpunkt des Gesamtwerks von Aldous Huxley und er selbst hat sich immer wieder mit diesem Roman befasst:

- Brave New World Revisited. 1958. Harper Perennial Classics 2000 • Essayband; auch auf Deutsch erhältlich unter dem Titel: Wiedersehen mit der Schönen neuen Welt. München (Piper) 1987.
- Island. London 1962 • Huxleys später Versuch einer »konstruktiven« Utopie ist als Vergleich interessant; auf Deutsch: Eiland. München (Piper) 1995.

Utopien und Anti-Utopien

Wells, Herbert George: War of the Worlds. 1898 • Der Vielschreiber Wells gilt als bedeutendster Verfasser utopischer Romane in England zu Beginn des 20. Jahrhunderts; auf Deutsch: Der Krieg der Welten. Zürich (Diogenes) 1974.

Orwell, George: Nineteen Eighty-Four. 1949. Penguin Books 1990 • Große, sehr empfehlenswerte Antiutopie; auf Deutsch: 1984. (Neu übersetzt von Michael Walter.) Berlin (Ullstein) 1998.

Erzgräber, Willi: Utopie und Anti-Utopie in der englischen Literatur. München (Fink) ^{2}1985 • Weiterführende Sekundärliteratur.

Verfilmung

Libman, Leslie und Williams, Larry: Brave New World. (Universal TV Entertainment) 1998 • Mit Peter Gallagher, Leonard Nimoy u. a.

Stichwortverzeichnis